從此君王不早朝

金屋藏嬌的「嬌」、悲情才女班婕妤、洛神甄皇后、皇帝武則天、
慈禧太后……從秦漢至清代，揭開歷史上傳奇后妃的面紗

孟飛——編著

在孤寂的薄暮中走完落寞的殘生

后位之爭、虎毒食子、懲治貪官、臨朝聽政、君臨天下，
她們的美牽動著世人的心，不平凡的一生顛覆了歷史——

愛恨交織的中國后妃史，看盡美人背後的故事

目錄

一、秦漢皇妃

二、魏晉南北朝皇妃

目錄

目錄

一、秦漢皇妃

秦太后趙姬

秦王嬴政統一天下以後自稱為始皇帝。他是中國歷史上第一位皇帝，他的母親便成了中國歷史上的第一位皇太后。

秦始皇的母親本來是趙國邯鄲的一個舞姬，姿容秀美，能歌善舞。她和大商人呂不韋同居懷孕以後，被呂不韋獻給了秦昭襄王非正嫡所生的庶孫、當時被當作人質押在趙國的鬱鬱寡歡的子楚。不久，她就生下了嬴政，隨即就被子楚立為夫人。

當時，秦昭襄王已經老了，太子安國君又沒有兒子。呂不韋進入秦遊說和重金行賄，秦昭襄王死後，使安國君被立為王，華陽夫人立為王后，子楚便得以立為太子。隨後，子楚繼安國君為王，就是歷史上的秦莊襄王。

莊襄王即位以後，任呂不韋為丞相，封文信侯。過了三年，莊襄王死，太子嬴政為王，尊呂不韋為相國，號稱仲父。秦王嬴政年紀尚小，呂不韋輔政，位尊權重，實際上總理朝中一切。他家裡的僮僕就有萬人之多。嬴政的母親此後就成了太后。太后盛年寡居，不甘寂寞，常常暗地裡與呂不韋私通。

嬴政漸漸地長高長大了，呂不韋深恐與太后的淫事敗露，將來會禍及己身以至九族。可是，太后怎麼辦呢？她的淫慾有增無減！呂不韋細細思謀，終於想出了個金蟬脫殼的妙計。他找到了一個陽具奇大之人，名叫嫪毒。他讓嫪毒的性本領傳到太后的耳朵裡。太后果然大喜，急切地想要得到嫪毒。

呂不韋於是派人指控嫪毒犯罪，判以宮刑，太后厚賜負責宮刑的官吏，讓其沒有真行宮刑，而是只把嫪毒的眉毛、鬍子拔盡，嫪毒得以太監的身分入侍後宮。太后與嫪毒淫樂，愛幸不已，最後終至懷孕。太后怕寡居而孕被人發覺，便假稱占了一卦，宜徙宮以避時躲災。她徵得了嬴政的同意以後，就帶著假太監嫪毒移住遠離皇宮的雍城。

到了雍城以後，太后和嫪毒更加毫無顧忌。他們儼然一對夫妻，同起同睡，宣淫無止。結果，連生了兩個兒子，藏在那裡。太后知道這樣下去無法隱瞞太久，她便與嫪毒相謀：一旦被嬴政知道，就取嬴政而代之，並以他們的兒子作為嗣君。嫪毒終日侍從太后，所得的賞賜異常豐厚，雍城的一應事情全決於嫪毒。侍候嫪毒的僮僕有數千人之多，投奔嫪毒求官求仕的賓客舍人也有千餘。嫪毒被封為長信侯。

始皇九年，有人告發嫪毒是假太監，與太后私通，生有二子，並與太后密謀：「王即薨，以子為後。」嬴政時年二十二歲，聞報以後勃然大怒，立即派人調查。結果，所告屬實，而且株連相國呂不韋。

嫪毐封長信侯以後，又得河西太原郡為毐國。他恣意享受著宮室車馬衣服苑囿，過著優裕的王侯生活，他怎麼會想失去這一切？於是，嫪毐先發制人，趁著風和日麗的四月嬴政宿雍城蘄年宮行冠禮時，竊用秦王御璽和太后璽，調縣卒、宮衛士卒官騎攻擊蘄年宮。

秦皇嬴政命相國昌平君領咸陽士卒平息叛亂，兩軍戰於咸陽。秦王下令：「凡有戰功的均拜爵厚賞，宦官參戰的也拜爵一級。」叛軍數百人被殺死，嫪毐的軍隊大敗，嫪毐便帶著他的死黨倉皇逃亡。

秦皇令諭全國：「生擒嫪毐者賜錢百萬，殺死嫪毐者賜錢五十萬。」嫪毐及其死黨被一網打盡，秦皇車裂嫪毐，滅其三族。嫪毐的死黨衛尉竭、內史肆、佐弋竭、中大夫令齊等二十人梟首，追隨嫪毐的賓客舍人，罪輕者為供役宗廟的取薪者——鬼薪；罪重者四千餘人奪爵遷蜀，徒役三年。太后和嫪毐的兩個兒子，均被一同囊載撲殺。太后被逐出咸陽，遷住城外的陽宮，斷絕母子關係，永不再見；並明令朝臣，敢有為太后事進諫者「戮而殺之，蒺藜其背」。結果，有二十七個進諫的大臣被殘酷地處死，並把他們的屍首掛在宮牆示眾。

一位名叫茅焦的齊國人這時卻從容不迫地來到宮門，請求以太后事面見秦皇。秦皇讓近侍告訴他：「宮牆上的二十七位下場看見了嗎？都是替太后說話的，結果就是這樣，你難道不怕死？」茅焦很鎮靜，坦然地說：「天上有二十八宿，現在是二十七個，我來剛好湊滿二十八宿之數，怕死我就不會來了！」秦皇聽罷冷笑，吩咐近侍放好一個大油鍋，鍋裡注滿油，用大火燒沸，準備生烹茅焦。

茅焦進入宮中，被帶到了熱油滾沸的鍋前。秦皇按劍靜坐，冷冷地注視著他。茅焦視死如歸，從容地行禮跪拜，平靜地說道：「古來愛惜生命的人並不怕死，同樣，古來重視國家興亡的君主也並不怕議論國家興亡；如果一味忌諱死亡，那並不一定會長生；如果避談國家興亡，那國家也不一定會安寧。所以國家興亡，賢明的君主都想知道，難道陛下不想聽聽？」秦皇沉默不語，茅焦在秦皇的默許下，便進一步大膽地說：「陛下行為狂悖，自己卻一點也不知道！陛下車裂假父，囊載撲殺二弟，逐母出宮，殘殺進諫士子，這等行為，商紂夏桀也不至如此！這些如果天下人知道了，誰還會投向秦國？這江山社稷豈不解體？小臣此來不過是替陛下解危！」茅焦說完以後，自己解去衣服，伏在地上，準備就烹。

秦皇被茅焦的鎮定從容、侃侃而談懾服了，由衷地佩服這位臣子。他慢慢地站起來，走下御座，親自扶起跪伏的茅焦，當即拜茅焦為上卿，委以重任，然後，秦皇駕臨陽宮，從城外接回太后，母子和好如初。就這樣，太后又在都城咸陽皇宮——南宮甘泉宮平靜地生活了十年。十年錦衣玉食，卻也長夜寂寞。

呂后呂雉

嫁亭長南征北戰

呂后，名雉，字娥姁。呂后生得漂亮，而且聰明伶俐，性格活潑好動。尤其是那雙會說話的眼睛，時常招人疼愛。呂雉父親呂公是沛縣縣令的好友，到沛縣縣令家躲避。沛縣的官吏豪傑聽說縣令家裡來了位舊交，都紛紛前往看望。當時劉邦僅是一個小亭長（秦法：鄉村十里為亭，十亭為鄉），他也到縣令家問候。呂公善面相，在酒令之間細看劉邦乃一貴相。他生得相貌堂堂，方面，高鼻梁，美鬚髯。酒足飯飽以後，劉邦正要告辭，呂公熱情挽留。呂公誠懇地對劉邦說：「我一向喜歡研究相術，今天見到閣下，相貌貴不可言，願閣下自愛，我的長女相貌不惡，想收你做女婿，不知意下如何？」劉邦真是又驚又喜，當下欣然應諾。事後，呂公回到內室，和呂夫人談起此事，呂夫人生氣地對丈夫說：「你一向說這個女兒命相奇貴，要嫁給貴人，怎麼現在要把愛女許給一小小的亭長？」呂公不顧老伴的反對，依然將女兒嫁給了劉邦。

劉邦任亭長不常在家，很少從事生產。呂雉則留在家中幫助家計，下田勞作，夫妻二人十分恩愛。婚後數年，呂氏生了一女一子。

秦二世元年，劉邦響應陳勝起義，呂氏宗族幾乎全部參加了劉邦的起義隊伍，隨他轉戰南北。劉邦統帥的漢軍自漢中東下，乘項羽在山東作戰，後方空虛，連續作戰打到彭城（今江蘇徐州）。項羽得知此信迅速回軍，大敗漢軍。劉邦與數十騎敗逃途中經過家鄉沛縣，想將家人一起帶走，不想劉邦父親太公和呂雉已被項羽扣作人質，只有兒子劉盈姐弟在路上遇到劉邦，得以安全逃離。

此時呂雉之兄呂澤帶領一支漢軍駐守在下邑（今安徽碭山），他接納了疲憊不堪的劉邦，才使劉邦有了一立足之地。此後楚漢兩軍在滎陽一帶對戰三年之久，直到西元前二〇三年九月，楚漢簽訂以鴻溝為界中分天下的停戰協定以後，項羽才將太公和呂雉送還劉邦。不久，項羽敗滅，劉邦正式稱帝，隨後呂氏也成了皇后。

連環計保子承嗣

呂后的兒子劉盈被冊立為太子，女兒封為魯元公主，嫁與張敖為妻。魯元公主最受寵於呂后。

呂后最大的敵人，是劉邦的寵妃戚夫人。她不僅是情敵，還威脅到太子劉盈的合法地位。這位戚夫人是他起兵之初在山東時所娶。戚夫人所生一子名如意，劉邦說他像自己，甚為寵愛，封十歲的如意為趙王。

這時的呂后已年老色衰，劉邦總是帶戚夫人南征北討。太子劉盈仁和，劉邦不喜歡他，說他懦弱無用。戚夫人雖然受寵，但她並不知足，她希望劉邦立如意為太子，母以子貴，日後，她也許會成為皇后、皇太后，劉邦也有此意。不過，廢立太子須和朝中大臣計議，劉邦在朝中提出後，結果遭到各大臣的一致反對。因為劉盈被立為太子已有八年之久，如無罪被廢，將大失人心，動搖國家根本。呂后在東廂偷聽大臣的爭論，內心也十分緊張、恐慌。這時，有人建議呂后去請教留侯張良。於是呂后密使其兄建成侯呂釋之去請教張良，依計而行。

淮南王英布叛亂。此時劉邦正生病，決定派太子劉盈領兵去征討。劉盈從來沒有領兵打過仗，實在難以勝任。這時太子賓客東園公等四皓為太子獻策，去見呂釋之，說太子將兵，有功不能增加他的權位，無功恐怕會影響太子地位。呂釋之覺得此話有理，立即去見呂后，呂后當然替兒子著想，所以，二話不說，找了一個機會，依照四皓之計勸說劉邦。劉邦十分不悅，只好親自帶兵征討。到第二年消滅英布後回朝，劉邦又重提廢太子的意旨，正巧朝中舉行慶宴，太子由四皓隨從上朝拜賀。劉邦看見太子身邊這四位自己多次請不動的老者非常尊重太子，十分驚奇地說：「我以前請你們，你們不出山卻逃避我，現在追隨我兒，這是為何？」四皓說：「太子仁孝恭敬，尊禮儒士，天下士子都引頸願為太子所用。」拜賀禮完成後，四皓隨太子身後緩步離去。劉邦在殿上目送四人，召戚夫人前來，指給她看說：「我本想廢太子，但太子有這四位高士輔佐，羽翼已成，現在無須更動了。」這一場廢太子的鬥爭，以呂氏的勝利而告終。

計鏟諸王顯雄才

呂后早年勤儉持家，勞作田間，但在協助劉邦得天下後，由於政治環境不平靜，此叛彼逆，環境險惡，磨練出了她那傑出幹練的才能和剛毅的性格。當然，她對於政敵的殘酷無情、心狠手毒，也使滿朝文武震驚和恐懼。

劉邦手下的一員大將楚王韓信，在楚漢戰爭中立下汗馬功勞。劉邦得天下後，懷疑他謀反，降封為淮陰侯，留在長安加以監視。這使韓信十分頹喪，心中常懷怨憤。他採取了一種消極反抗的方法，稱病閉門不出。這種軟禁生活使他在長安一住四年，韓信對劉邦由失望、怨恨，逐漸地走上了謀反的道路。漢十年代相陳豨自立為代王，公開打出了反叛的旗幟。韓信在長安祕密與陳豨通謀，乘劉邦不在京城，準備假傳命令，赦免城中被拘禁的罪犯和奴隸，發兵襲擊呂后及太子，一舉顛覆劉邦政權，自己取而代之。誰知韓信家人中有一人得罪韓信，韓信將他囚起來要殺他，此人之弟為救其兄，連夜告變於呂后。漢十一年正月，呂后與相國蕭何合謀，令人詐稱從前線歸來，報告陳豨兵敗身死，令群臣皆上朝祝賀。韓信聽說後，一陣恐慌，不知所措，推說身體不適不能上朝，相國蕭何特來會見韓信，並激將他說：「你雖然身體欠安，但應該強打精神上朝祝賀，以表示對朝廷的擁戴。」韓信只得勉強入宮朝賀。一進宮門，便遭遇伏兵，韓信只好束手就擒。呂后立即宣布他的罪狀，下令將他斬於長樂宮懸鍾之室。韓信的親戚朋友也被斬盡殺絕。

在劉邦得天下後，封幫助劉邦打天下的彭越為梁王，都於山東定陶。後因彭越以生病為由，沒有奉詔征討陳豨而被誣告成謀反、劉邦將其貶為庶人，並流放到蜀地的青衣

（今四川臨邛西南）。彭越來到鄭縣（今陝西華縣），適逢呂后從長安去洛陽路經此地，便向呂后陳述自己的冤情，希望呂后允許他回冒邑老家做一個平民百姓。呂后佯為許諾，將彭越帶回洛陽。誰知呂后卻對劉邦說：「彭越戎馬功高，具有相當號召能力，如萬一彭越復反，豈不是自遺禍患。不如殺之，以除後患。」劉邦覺得呂后的話很有道理，於是將彭越交由呂后全權處理。呂后即刻威逼彭越舍人誣告他謀反，廷尉王恬開依照呂后的指令把彭越定成夷滅宗族的大罪，就這樣為劉邦汗灑疆場戰功赫赫的彭越，做了六年諸侯王，最後因劉邦、呂后一紙詔書，便含冤而死，而且骨肉被菹為醢（剁成肉醬），遍賜諸侯王，其遭遇之慘，令人髮指。由此可見呂后處事的果斷與狠毒。

臨朝聽政的太后

漢十二年四月，劉邦死後，太子劉盈十七歲即帝位，為惠帝。尊呂后為皇太后。五月，劉邦的葬禮剛完，呂后便利用皇太后的權力，報復戚夫人及其子劉如意。她先將戚夫人囚於永巷，剪去她的頭髮，帶上腳鐐手銬，穿上罪衣裙，罰她做苦工舂米。此時，她的兒子趙王劉如意遠在千里之遙的河北，不知她的遭遇。所以戚夫人時常一邊舂米，一邊悲歌：「子為王，母為虜，終日舂薄暮，常與死為伍！相離三千里，當誰使告汝？」

呂后聞知大怒，為了不留隱患，她決定斬草除根，於是先後四次遣使者去趙國，召趙王劉如意來長安，準備與戚夫人一起處死，以除後患。

呂氏對戚夫人的憎恨，劉邦早已聽說，他擔心自己百年之後，戚夫人母子難保性命。御史趙堯獻計，選一有地位、正直而素為呂后太子及群臣所敬畏的人作趙相，以保衛趙王。劉邦經慎重考慮，便選中了敢言力爭的御史周昌。當呂后使者傳令要趙王去長安，周昌見來意不善不肯奉詔。呂后隨即派人召周昌去長安問話，待周昌離趙，又派使者召趙王，趙王也不敢不動身赴長安了。

惠帝劉盈得知趙王來長安處境危險，便率先趕到長安城外，將這個差點奪去他帝位的幼弟接到了自己宮中，使太后殺趙王之企圖一時難以實現。一天，惠帝晨起出外習射，劉如意獨自留在宮中，呂后鑽此空檔，遣人攜毒酒強迫趙王飲下，將這個可憐的十二歲的趙王鴆殺。戚夫人悲痛欲絕，呂后又想出了一個慘絕人寰的酷刑，先砍斷戚夫人的四肢，將她眼珠挖去，又用一種藥熏耳致聾，給她飲以啞藥使啞不能言，稱之為「人彘」。呂后還得意地讓同情戚夫人的惠帝前往觀賞。當惠帝知道慘不忍睹的活怪物就是昔日美貌動人的戚夫人時，悲痛地大哭起來，他覺得母親太殘忍了。從此在呂后專權的淫威下，惠帝「日飲為淫樂，不聽政」，自己戕害自己。自此，卑劣的權力欲和復仇欲使呂后決心除掉一切擱在她權力之路上的障礙。

呂后為了加快培植呂氏集團勢力，竟然將惠帝親姐魯元公主與趙王張敖所生之女立為帝后，外甥女嫁舅舅完全亂了輩分。婚後張皇后未生孩子，如立劉邦其他兒子來繼承皇位又非親生。於是，她命將惠帝另一姬妾所生兒子交由張皇后撫養，然後殺掉孩子的生母。惠帝死後，呂后就立張皇后的養子為帝，稱之為少帝，呂后以皇太后之尊臨朝聽政。

處心積慮組建戚幫

劉邦死後，呂后繼承了劉邦事業，掌握了國家大權。漢惠帝七年八月，惠帝病逝。這時年逾花甲的呂后呼天搶地，乾嚎而無眼淚。張良的兒子張辟強聰明絕頂，年十五歲，任侍中，看透了呂后的心思，低聲對丞相陳平說：「太后獨有孝惠，今崩，何以太后哭而不哀？」陳平疑惑不解，兩眼奇怪地盯著張辟強，張辟強對陳平耳語道：「惠帝的兒子都在稚齡，太后內心畏懼老臣宿將不好統帥，有疑懼，依太后的性格及為人處事，長此下去，大家難免有殺身之禍。丞相最好建議太后拜太后親屬呂產、呂臺、呂祿為將，讓他們領京城禁軍，使諸呂都入宮居中用事，如此呂后心安，而君等也可以脫禍。」陳平依此而行，果然大得呂后的歡欣。

惠帝死後，一個以呂后為首的外戚集團，以封王諸呂為契機，很快的組織了起來。呂澤兒子呂臺、呂產、呂釋之子呂祿及其他呂姓親族多人，借呂后權勢很快都加官進爵。聰明的呂后知道守衛京師的南軍和北軍有舉足輕重的地位，於是就使呂臺、呂產、呂祿當了這兩支軍隊的統帥，使朝廷內外變成了名副其實的呂家天下。惠帝死後，呂后又大封諸呂為王，鞏固自己的地位和權力。除此之外，呂后想方設法讓諸呂之女嫁給劉姓的王侯，以使呂氏家庭永遠延續下去。這時候，被呂后立為皇帝的那一位連名字也沒留下來的少年天子——少帝，知道了自己的身世。小小的心靈不知利害，說出了「太后殺我母，我大了以後，一定要報仇」這句話，不料傳入呂氏耳中。呂后立即把他囚於永巷，對外宣布小皇帝生病，不准周圍的侍臣接近他。後又將少帝幽殺，立惠帝另一假子常山王劉義為帝。

呂后八年七月，年近七旬的呂后預感到自己將不久於人世，也清楚劉氏集團絕不會甘於屈居呂氏集團的統治之下，她死之後勢必有一場你死我活的鬥爭，因而她精心地為家人做了應變的準備。她任趙王呂祿為上將軍，統帥北軍；梁王呂產領南軍。漢朝的軍制，首都的禁衛軍分南軍北軍，南軍掌衛戍宮城，北軍掌衛戍首都，控制了首都和宮廷的衛戍部隊，以防兵變。呂后而且沒有忘記以呂產為相國，以呂祿女為帝后，為鞏固呂氏的權力做了最後的努力。

呂后崩。果然劉邦長孫齊王劉襄自山東發兵，劉姓諸侯王聲討諸呂之罪，要求共同發兵討伐呂氏集團。就這樣，以周勃、陳平為首的劉氏集團，幾天之內，透過一場宮廷政變，便痛快淋漓地掃蕩了呂氏集團，迎劉邦另一個兒子代王劉恆為帝，是為漢文帝。

漢武皇后陳阿嬌

「金屋藏嬌」的故事家喻戶曉。自漢代以後，歷代的詩人、文士對此多有吟詠，如李白、白居易、李商隱、李賀、張先、元好問、費昶、澹歸、湯顯祖、趙翼等。唐代大詩人李白在〈長門怨〉中寫道：

天回北斗掛西樓，金屋無人弄火流。
月光欲到長門殿，別作深宮一段愁。
桂殿常愁不記春，黃金四屋起秋塵。
夜懸明鏡青天上，獨照長門宮裡人。

金屋裡的嬌人名叫阿嬌，她的母親是文帝劉恆與竇皇后所生的女兒劉嫖，即館陶長公主。她的父親是堂邑侯陳午，她母親的兄弟劉啟即漢景帝。造金屋藏阿嬌的是漢景帝的第九個兒子劉徹。就是說，劉嫖是劉徹的嫡親姑母，劉徹與阿嬌是表兄妹。

劉徹幼年的時候常去館陶長公主姑母家，與表妹阿嬌一起遊玩。劉徹很喜歡這個漂亮的小表妹。劉徹三歲的時候封為膠東王，封王以後還是常去姑母家。有一次，館陶長公主抱起劉徹，把他放在膝上，問他要不要媳婦？他點點頭，說要。長公主指指左右侍女，一百餘人，他都搖頭。長公主最後指著女兒阿嬌，問阿嬌怎麼樣。他笑著回答說：「好，如果得阿嬌作媳婦，一定造金屋讓她居住。」長公主聽後萬分高興，隨後劉徹的母親王夫人竟真的應承了這門親事。長公主多次在兄弟景帝劉啟面前讚譽劉徹，劉徹這位景帝的第九個兒子六歲的時候便被立為太子，十六歲時即皇帝位。劉徹做太子時娶阿嬌，立為太子妃。即位以後，太子妃陳氏即被冊為皇后。

阿嬌自幼養尊處優，十四歲當皇后以後，被武帝寵愛著，更是嬌情萬種。年輕的武帝很迷戀阿嬌的麗容嬌態，他們如漆似膠，一起生活了整整十年。然而，十年的恩愛雨露，竟沒有使阿嬌懷過一男半女。阿嬌的母親館陶長公主也很著急，想盡千方百計，尋醫、吃藥、占卜、求神，一切都無濟於事。武帝劉徹便有些不耐煩了，於是，愛漸漸淡了。

建元二年，武帝十八歲，有一天他在祓霸上行過冷水浴後，慢慢地回宮。途中路過姐姐平陽公主家，想先烤烤火，飲酒驅寒。姐姐聽說弟弟駕到，連忙備好酒、肉、火爐，還有一大群美女。武帝劉徹坐在火爐邊，喝著酒，吃著山珍海味，看著一個個的美女，只是搖頭。平陽公主從容地笑笑，她的丈夫是平陽侯曹壽，即大丞相曹參的後代，家裡什麼沒有？平陽公主便示意，從眾多美女中隨即走出了一個絕世嬌俏的美女。美女款款而來，上前獻歌。

武帝一下子看呆了。這女子秀色可餐，肌膚如雪，歌喉清麗婉轉。武帝再也待不住了，哪裡還顧得上吃肉喝酒！武帝一把拉著她，就近帶到更衣室，卸去衣帶，當即臨幸了她。武帝賜姐姐平陽公主千金。平陽公主便把美人妝扮一番，送進了武帝的後宮——她便是取代阿嬌陳皇后的衛子夫衛皇后。

衛子夫入宮以後，未央宮便無法平靜了，掀起了一場場的醋海狂波。皇后阿嬌、其母長公主劉嫖、劉徹的母親王太后聯合起來，一同對付衛子夫。無奈春情正盛的武帝沉迷於衛子夫的絕色，日甚一日地愛著她，終至寵冠後宮，不離左右。衛子夫一連三次懷孕，但生下的全是女兒。衛子夫有些緊張，好在皇上愛意仍濃，還有機會。果然，天從人願，衛子夫生下了一個兒子劉據，他就是後來又被武帝派兵追殺的戾太子。兒子降生以後，衛子夫在宮中的地位鞏固了，心中一塊石頭終於落地。

後宮是眾多的女人侍奉一個皇帝。皇后也只是女人中的一個。皇帝移情別戀，在一個女人身上多一份情、多一份愛，那麼其他的女人就多一份苦澀、多一份寂寞，而皇后則更甚——因為她曾擁有過、享受過別的女人沒有享受的快樂，突然間幸福的天堂土崩瓦解，她如何受得了？何況是出身皇室、從小嬌生慣養、與武帝青梅竹馬、又與武帝有過十年樂悠悠生活的阿嬌陳皇后！

武帝每去一次衛子夫的別宮，阿嬌的心上就被多刺了一刀。受寵的衛子夫懷一次六甲，阿嬌就要痛不欲生地死一遭。阿嬌茶飯不思，寢食難安。她睜著期待的眼睛，望穿秋水，可迎來的卻是一個又一個苦不堪言的漫漫長夜。阿嬌的眼睛發紅了，眼圈發黑，臉上灰茫茫的，日漸容顏黯淡。這一切，都是因為衛子夫！

阿嬌神思恍惚。這時，宮中來了一位巫女，名叫楚服。楚服知道阿嬌皇后的苦痛，就教給她巫蠱之術，咒死衛子夫。阿嬌如獲至寶，賞了楚服，真的做了小布人，用針日夜刺紮著這個可惡的衛子夫。阿嬌行巫蛊之術詛咒衛子夫，終於被邀賞的宮人告發了，而漢宮中嚴禁此術，武帝勃然大怒。武帝寵著衛子夫，又有了兒子劉據，早就想廢了陳皇后阿嬌，這一下便有了藉口！於是，陳皇后阿嬌被廢，收回皇后璽綬，罷居長門宮。

長門宮地處荒僻，遠離皇宮。肝腸寸斷的廢后阿嬌每日坐在油漆剝落的宮門旁，淌著淚，咀嚼著天邊如血的夕陽。宮院的荒草黃了又綠，綠了又黃，每年都有一次生機勃勃的希望。自己呢？如何連荒草都不如？就這麼默默無聞、孤獨無聲地死去？

阿嬌不甘心，她的母親也不甘心。阿嬌記起了武帝喜歡賦，尤其喜歡司馬相如的賦。當年武帝讀司馬相如的〈子虛賦〉，文采飛揚，激動不已，感嘆傷懷，恨不能與作者生於同時。當他得知作者就是本朝人時，便欣喜若狂，立即將他召到長安，隨侍左右。武帝還多次對阿嬌提到相如，讚賞他的文采風流。

阿嬌在萋萋的荒草中看到了希望，看到了又一個春日融融。她用百兩黃金聘請司馬相如，傾吐著自己失寵的哀痛。司馬相如被打動了，一枝生花妙筆，便寫下了千古絕唱的〈長門賦〉：

夫何一佳人兮，步逍遙以自虞。
魂逾佚而不反兮，形枯槁而獨居。
言我朝往而暮來兮，飲食樂而忘人。
心慊移而不省故兮，交得意而相親。
伊予志之慢愚兮，懷貞愨之懽心。

願賜問而自進兮，得尚君之玉音。
奉虛言而望誠兮，期城南之離宮。
修薄具而自設兮，君曾不肯乎幸臨。
廓獨潛而專精兮，天漂漂而疾風。
登蘭臺而遙望兮，神怳怳而外淫。
浮雲鬱而四塞兮，天窈窈而晝陰。
雷殷殷而響起兮，聲象君之車音。
飄風回而起閨兮，舉帷幄之襜襜。
桂樹交而相紛兮，芳酷烈之誾誾。
孔雀集而相存兮，玄猨嘯而長吟。
翡翠脅翼而來萃兮，鸞鳳翔而北南。
心憑噫而不舒兮，邪氣壯而攻中。
下蘭臺而周覽兮，步從容於深宮。
正殿塊以造天兮，鬱並起而穹崇。
間徙倚於東廂兮，觀夫靡靡而無窮。
擠玉戶以撼金鋪兮，聲噌吰而似鍾音。
刻木蘭以為榱兮，飾文杏以為梁。

羅丰茸之游樹兮，離樓梧而相撐。
施瑰木之欂櫨兮，委參差以槺梁。
時仿佛以物類兮，象積石之將將。
五色炫以相曜兮，爛耀耀而成光。
致錯石之瓴甓兮，象瑇瑁之文章。
張羅綺之幔帷兮，垂楚組之連綱。
撫柱楣以從容兮，覽曲臺之央央。
白鶴噭以哀號兮，孤雌跱於枯楊。
日黃昏而望絕兮，悵獨托於空堂。
懸明月以自照兮，徂清夜於洞房。
援雅琴以變調兮，奏愁思之不可長。
案流徵以卻轉兮，聲幼妙而復揚。
貫歷覽其中操兮，意慷慨而自卬。
左右悲而垂淚兮，涕流離而從橫。
舒息悒而增欷兮，蹝履起而彷徨。
揄長袂以自翳兮，數昔日之諐殃。
無面目之可顯兮，遂頹思而就床。
摶芬若以為枕兮，席荃蘭而茝香。

忽寢寐而夢想兮，魄若君之在旁。
惕寤覺而無見兮，魂迋迋若有亡。
眾雞鳴而愁予兮，起視月之精光。
觀眾星之行列兮，畢昴出於東方。
望中庭之藹藹兮，若季秋之降霜。
夜曼曼其若歲兮，懷鬱郁其不可再更。
澹偃蹇而待曙兮，荒亭亭而復明。
妾人竊自悲兮，究年歲而不敢忘。

這是一幅揪心撕肺的棄婦思君圖。多少個黎明，多少個黃昏，多少個輾轉反側的漫漫長夜？一個形容枯槁的女人，在冷寂的屋中苦苦徘徊。靜夜深了，月華似水。她淚水淋漓地望著明月，無法入睡。拿琴來彈奏一曲罷，可是，琴弦中流淌的盡是無窮的相思，無邊的哀怨；長夜如年，沒有盡頭！儘管窮年累月，如此苦痛，但是傷痕累累的心中，還是念著皇上，盼皇上再來！

武帝讀了這篇賦，嗟嘆不已，認為這是一篇上乘好賦。但是，賦中的棄婦並沒有感動武帝，武帝沒有回心轉意。阿嬌期盼著，望穿秋水，最後自怨自艾、心灰意冷，在孤寂的薄暮中，走完了自己落寞的殘生。

鄧皇后鄧綏

東漢有四姓小侯、四大家族。四姓小侯指陰氏、樊氏、郭氏、馬氏四家外戚。陰氏是光武帝劉秀的皇后、漢明帝的母親陰麗華的娘家。樊氏是光武帝劉秀的母親的娘家。郭氏是光武帝第一任皇后郭聖通的娘家。馬氏是漢明帝劉莊的皇后、伏波將軍馬援的三女兒馬皇后的娘家。漢明帝替這四家外戚的子弟立學南宮，號四姓小侯，專置五經師教他們讀書。四大家族是指陰家、馬家、竇家、梁家，還有東城的鄧家。因鄧禹為太傅位極人品，又與光武帝是同鄉和同學，同樣也是盛極一時。

東漢到了第四代，是和帝劉肇，十歲登基，由竇太后垂簾聽政。竇太后重用竇家的人，政權操縱在竇姓的手中。和帝劉肇不是竇太后生的。他的母親是梁貴人，早已憂傷而死。外公梁竦也被竇家陷害，終至含恨而去。年輕的皇帝知道了這些，恨在心裡，卻不動聲色。

即位第四年，和帝十四歲。和帝和幾個親信太監祕密策劃，親往竇黨職掌京師禁衛的北軍，突然下令收捕竇黨，和帝以迅雷不及掩耳之勢，清除了竇氏一系，自己掌管了朝政。這年八月，因和帝未婚，便廣選美女充實後宮，其中有兩位是依例特選——一位是陰家陰綱的女兒，一位是鄧家鄧訓的女兒，年齡均十三歲。陰綱的女兒應選入宮，封為貴人。鄧訓的女兒因鄧訓亡故，未能參選。三年以後，鄧氏十六歲。皇后未立，再次進選，鄧氏便入宮做了貴人，她就是後來的皇后鄧綏。

鄧綏聰明過人，而且天性仁厚。她五歲時，因太傅公鄧禹的夫人極喜歡她，親自替她這個小孫女剪髮。但是，太夫人年紀太大了，老眼昏花，竟用剪刀剪破了她的額頭，血往下流。鄧綏卻一直隱忍著，不言不語，也不叫痛，直到完事為止。左右僕從覺得很奇怪，事後問她。她卻這樣說：「碰破了頭，不是不痛，祖母年紀大了，因為喜歡我才幫我剪髮，如果叫痛，祖母豈不難過？所以忍著。」五歲的孩子！這真是人小說大話。

鄧綏人雖然小，但卻極愛讀書，而且聰明過人。她六歲能讀史書，十二歲就通《詩經》、《論語》。她經常向哥哥們提出難以回答的問題，家裡人就常稱她為小才女。她的母親見她終日愛書，手不釋卷，不喜歡做些家事女紅，心裡有些奇怪，也有些擔憂，便開導她說：「你不學做女紅家事，成天與書為伴，難道要做女博士？女兒家終歸要出嫁，你一點兒家事不會做，將來如何治家？」鄧綏恭恭敬敬，聆聽母親的教誨。她雖然不喜家事，但為了順從母親，還是決定白天學做女紅家事，晚上讀書。父親鄧訓見這個女兒秉賦不凡，愛如明珠。鄭訓去世以後，鄧綏三年守孝，不吃葷腥，形容憔悴。三年後後宮例選，鄧綏不知是何命運，家中便討論了起來。討論沒有結果，就請來相士。相士蘇文來到鄧家，細看鄧綏的面貌、骨相，見她皮膚雪白，鳳眼秀眉，膽鼻薄唇，身長七尺二寸，一頭烏黑的頭髮，相士驚嘆不已。又讓她與家人說話，相士越來越有譜了。相士最後說道：「小姐是大貴之相，相法屬成湯之格，其身長眉寬，顴高而不露，眼黑白分明，步態安然，聲如鳴鳳，真正貴不可言，此相男必封侯拜爵，女當冊為后妃。」鄧綏終於被選中了，冊為貴人。進宮的時候，她的母親反覆叮囑，皇家重視禮法，凡事謙退柔順，入宮後是禍是福全在你自己了。鄧綏入宮後，沒有機會接近和帝，因為和帝正寵著陰貴人。

陰貴人早鄧綏三年，捷足先登。她是光武帝陰皇后兄陰識的曾孫女，長得十分秀麗，而且才藝出眾，聰慧過人，並善解人意。鄧綏入宮半年後的永元八年，和帝十八歲，正式冊陰氏為皇后，鄧綏則冊為貴人，只是陪襯而已。

然而，過不多久，和帝的眼睛就離不開鄧綏這位柔順謙卑、秀美動人的貴人了——她的美高雅別緻，實在與眾不同。陰皇后長得小巧，是一種玲瓏的美；而鄧貴人則長身玉立，裊裊婷婷，談吐文雅，嫻靜中別具一種風韻迷人的嫵媚。貴人住嘉德宮，和帝便到嘉德宮的次數越來越多。

陰皇后妒火中燒。一次內宴中，妃嬪向帝后舉杯稱賀。陰皇后卻藉機說道：「鄧貴人長身玉立，如鶴立雞群，我等真是自慚形穢啊。」鄧綏聽見這番話，大為惶恐，立即什麼都明白了，跪伏著說道：「臣妾托體父母，一切都在皇后的蔭庇之下，伏望皇后海涵。」鄧綏十分誠懇，而且說得得體，皇后沒再說什麼。宮人們越發敬重她了。

鄧綏知道了宮中險惡，記起了臨別時母親叮囑的話，處處就越加小心，對皇后更是不敢有絲毫的怠慢。鄧綏謙恭愛下，克己待人，後宮的隨侍、宮女都很愛重她。和帝見她如此這般，更是憐香惜玉，甚至在她生病時破例讓她的母親、兄弟入宮照看，並不限時日。鄧綏對和帝這種恩寵婉辭謝絕，她這樣說：「宮裡很森嚴，臣妾的外家人進入後宮，是為宮禁所不許，陛下降恩臣妾，外廷大臣會批評陛下，也會指責臣妾，這樣於公於私都不相宜。」和帝聽她這樣說，不禁大加讚賞，心裡除了憐愛之外，又多了一份敬重。

陰皇后的妒火越燒越旺。鄧綏日夜惶悚，也更加謹慎小心了，絕不敢有絲毫的僭越。她在各種相聚的場合，從不與眾嬪妃爭奇鬥豔，絕不和皇后的衣飾、顏色相同。總是素衣素服，不加彩飾。有皇后在身邊，她從不敢就坐，而是恭敬地站在一邊，弓身傴腰，極其謙卑，並從不先皇后而答話。和帝愛惜嘆道：「修德之勞，這般用心，真正難為她！」和帝對鄧綏的寵愛與日俱增，對陰皇后便越來越冷淡了，鄧綏更加不安。和帝連日留宿，鄧綏便假稱有病，還親自選擇宮女進給和帝，以便廣延帝嗣。鄧綏這樣的謙卑不妒，和帝更加愛重，宮人也敬仰她，人人交口稱譽。鄧綏德譽昌隆，陰皇后便越加恨之入骨。

水元十三年，和帝臥病不起。陰皇后對左右的人說：「我一得志，一定要滅鄧氏家族，看她能神氣幾時！」鄧綏聽到這話，恍如晴天霹靂，痛苦地哭泣著說道：「我這樣地順從皇后，皇后還不能容諒，看來禍事已經不遠了。」鄧綏覺得自己倒不足惜，只是卻又牽連到家人，試想戚夫人的慘死就可想而知。這樣說來，只有自己早死，既求皇上平安康復，又求家裡安寧。

鄧綏下了赴死的決心。隨侍的宮人趙玉反覆勸解，鄧綏不聽，吩咐準備香案供品，準備當晚禱告以後，飲鴆自盡，她還親自寫了一篇祈禱文。當時，鄧綏住嘉德宮。當夜趙玉氣喘吁吁地假傳消息，報告鄧綏，說章德宮剛有人傳話，皇上的病已經好了！鄧綏跪在那裡，說謝天謝地，皇上平安，我也就心安了。第二天，真的傳出消息，皇上痊癒了。

陰皇后妒恨交加，其外祖母鄧朱常出入長秋宮。陰皇后就讓鄧朱在家用巫蠱詛咒鄧綏。永元十四年，有人告發鄧朱行巫蠱之術，替皇后詛咒宮人。和帝立即派隨侍中常侍張慎、外臣尚書陳褒前去調查。結果，所奏屬實，而且鄧朱的兩個兒子鄧奉、鄧毅，陰皇后的弟弟陰軼、陰輔、陰敞也都牽連在內。和帝震怒，下令收捕治罪。鄧奉、鄧毅、陰輔拷死獄中。陰皇后父親陰綱自殺。司徒魯恭奉旨入長秋宮收回皇后璽綬，陰皇后遷出長秋宮，廢居桐宮。一年以後，陰皇后憂鬱而死。鄧綏在陰皇后被廢的當年十月，被立為皇后。立后的那一天，滿朝文武齊集章德殿，太尉持節捧皇后璽綬，宗正為副使，宣讀冊后策文。策文稱：「長秋宮闕，中宮曠位，鄧貴人秉淑媛之懿，體山河之儀，威容昭曜，德冠後庭。群僚所咨，人日宜哉，卜之蓍龜，卦得承乾。有司奏議，宜稱紱組，以臨兆民。今使太尉某持節奉璽綬，立貴人為皇后。」鄧氏冊為皇后，這年她二十二歲。正位中宮以後，她摒除一應的奇珍異玩，只要求供給書籍和紙墨，並師事博學的才女班昭。兩年以後，和帝二十七歲駕崩，皇后無子。鄧皇后以和帝與宮女所生長子、八歲的劉勝痴愚為由，立次子、方出生百日的劉隆。從此以後，鄧后緊緊地抓住了權力，昔日的柔順謙卑也就一去不復返了。

襁褓中的劉隆即位，鄧氏以太后聽政，鄧太后立即封兄鄧騭為上蔡侯、車騎將軍，使其總理朝政；其弟鄧悝、鄧弘、鄧閶也一一封侯。宦官鄭眾、蔡倫倚為心腹。八個月後，皇上劉隆死了。鄧太后與鄧隆商議，立和帝兄清河王劉慶的兒子劉佑為帝，為漢安帝，時年十三歲。司空周章等大臣極力反對，力主立和帝長子劉勝，並擬發動宮廷政變，囚禁鄧太后。結果事洩，周章自殺，牽連甚眾。從此以後，誰要是奏請歸政，鄧太后便嚴加處分。郎中杜根因此被囊載撲殺，棄於城外。

鄧太后此後掌政十餘年，內憂外患之下，尚能勤政愛民，沒做什麼失德的事。她還開辦皇族學校，收皇族諸王子弟五歲以上的男女就學學習。這大概是中國最早的男女同校。她對自家的族人，嚴加管束，從不假以權勢，並頒令司法官員，即〈令知司法官員說〉：

每覽前代外戚賓客，濁亂奉公，為民患苦，咎在執法懈怠。今後車騎將軍鄧騭以下宗族賓客，如有犯法，必然明加檢敕，勿得相容。

建光元年，鄧太后病死，享年四十一歲。安帝親政，盡殺鄧氏家族——鄧騭及其子鄧鳳自殺；鄧弘、鄧悝、鄧閶已死，其子孫廢為庶人，迫命自殺，家屬遠徙；鄧姓子弟七人為官者先後自盡。

班婕妤

班氏是楚國令尹子文的後代。楚滅亡以後，班氏一族遷徙塞北，過著游牧生活，漸漸發財。秦帝國崩潰以後，劉邦建立漢王朝，班氏子弟漸漸做官。

越騎校尉班況有三個兒子，一個女兒。長子班伯，次子班施，三子班稚。班稚生子班彪。班彪生班固、班超。班況的女兒班氏，即漢成帝的寵妃班婕妤。班婕妤是漢學者班彪的姑母，史學家班固的姑祖母。班彪有一個女兒，名班昭，字惠班，又名班姬，她是史學家班固的妹妹，曾受詔就東觀藏書閣，補《漢書》八表和天文志，並召入後宮，為皇后和貴人之師。班氏學問淵博，號為大家。班婕妤與班昭不是一回事，她是班昭即班姬的姑祖母。

成帝初即位時，班氏選入後宮，授居後宮第十位的少使。不久，班氏以才氣得幸，很快升為婕妤，是僅次於昭儀的寵妃。班婕妤居未央宮第三區的增成宮，不久就懷孕，生下了一個兒子。但是，僅僅幾個月，兒子便不幸地死去。當時的許皇后沒有兒子，漸漸失寵。班婕妤生下了兒子沒能保住，未來也是吉凶難卜。

成帝到後苑遊玩，宣美人們侍駕。成帝愛班婕妤，想與她坐一個輦閒遊。班婕妤熟諳歷史，當即婉辭相拒，委婉地說道：「我看歷代圖畫，古時的聖賢君主，左右都是名臣侍駕，只有三代以下的君主，嬖女侍奉左右；現在皇上要與我同輦，這不是與三代的末主有點相近嗎？」成帝覺得她說的有理，極口稱讚，當即就打消了同輦閒遊的念頭。

這件事很快傳遍後宮。太后王政君也知道了。太后高興地說，「古代有樊姬，今天有班婕妤！」樊姬是春秋時期楚莊王的夫人，為人賢慧，知書達理。她曾諫止莊王出宮狩獵，激勵楚相虞丘子進舉孫叔敖，使莊王得一賢人，授官令尹，從而使楚國興盛，人才濟濟，三年稱霸。太后將班婕妤與樊姬相媲美，可見太后對班婕妤非常賞識。

太后賞識班婕妤，成帝也很寵幸她，對她很禮敬。成帝喜好詩文。班婕妤愛讀書，生性聰慧，能詩能文，很得成帝的喜愛。可以說，班婕妤是一位才德並重、知書達禮、嫻靜本分的美女。

這樣一個有德有才的美女，在後宮平靜的時候，是會得到皇上的愛幸的。而一旦出現了一位色藝俱佳、風騷過人的美人，後宮就要失去平靜，德才嫻靜的美人便會顯得蒼白無味，黯然失色——趙飛燕、趙合德姐妹入宮，班婕妤便面臨著這樣的命運。皇后許氏也是如此。

成帝即位以後，太子妃許氏升為許皇后。許皇后的父親許嘉是大司馬車騎將軍，封平恩侯。成帝光耀后族的同時，也光耀自己親舅舅王氏的門庭，升王鳳為大司馬大將軍領尚書事。朝中因此分為許派和王派。不久，許嘉被迫休致，鬱悶而死，后族衰落。皇太后王氏家族昌盛，許皇后便開始日子不好過。

災異迭見。許皇后得寵而無子，成帝又不得臨幸他宮。王鳳便派學者劉向、谷永進奏，說災異迭見，禍患連綿，咎在後宮，六宮應該嚴加整飾——所謂咎在後宮，不就是咎在後宮之主的皇后許氏？成帝深以為然，竟下旨切責！

許皇后沒有意識到危險臨近，見機會來了，手有些癢癢。這不正可以大展才華，打打筆仗？許皇后便寫了一篇文理俱佳的〈上疏言椒房用度〉，寫得氣勢恢弘。成帝看過此疏以後，噎在那裡，半天說不出什麼話來。他能說什麼呢？讀的書不及皇后多，文理不及皇后，他竟不知對這篇疏文該如何批答。

成帝就把疏文交給劉向、谷永。劉向是宗室子弟，博通經史，他的兒子劉歆是王氏的國師。谷永是御史大夫，好陰陽之說，經史貫通，附大司馬大將軍王鳳。谷永、劉向答文反駁說：「白氣、井溢、河決、日蝕、災疫迭見、老鼠上樹，這一切都是因為以陰侵陽，所以咎有後宮，後宮應該自責！」許皇后漸漸被冷落了。趙飛燕入宮，又引妹妹

班婕妤

趙合德入宮受寵。趙飛燕告許皇后及其姐姐許嬿，許嬿巫咒後宮有孕的王美人並及王鳳。許皇后被廢，禍及班婕妤。成帝昔日的溫情無影無蹤了，竟親自審問班婕妤，問她何以與皇后一起參與巫咒？

班婕妤冷靜沉著，從容地說道：「天地間死生有命，富貴在天。修正行善尚且沒有蒙福，何必又去行邪巫蠱？如果鬼神有知，一定能聽到我這傾訴。如果鬼神無知，那麼傾訴又有何用？一切聽天由命吧！」成帝深為折服，下旨不再追究班婕妤。班婕妤卻從此心灰意冷，要求退住長信宮，終日侍奉太后。然而，盛年寡居的生活是孤獨寂寞的，最難熬的是那一個又一個沒有盡頭的漫漫長夜。班婕妤憂思難遣，便寫下了一篇淒切感人的〈自悼賦〉：

承祖考之遺德兮，何性命之淑靈。
登薄軀於宮闕兮，充下陳於後庭。
蒙聖皇之渥惠兮，當日月之盛明。
揚光烈之翕赫兮，奉隆寵於增成。
既過幸於非位兮，竊庶幾乎嘉時。
每寤寐而累息兮，申佩離以自思。

陳女圖以鏡鑒兮，顧女史而問詩。
悲晨婦之作戒兮，哀褒、閻之為郵；
美皇、英之女虞兮，榮任、姒之母周。
雖愚陋其靡及兮，敢舍心而忘茲？
歷年歲而悼懼兮，閔蕃華之不滋。
痛陽祿與柘館兮，仍襁褓而離災。
豈妾人之殃咎兮？將天命之不可求。
……
奉共養於東宮兮，托長信之末流。
共灑掃於帷幄兮，永終始以為期。
……
重曰：
潛玄宮兮幽以清，應門閉兮禁闥扃。
華殿塵兮玉階落，中庭萋兮綠草生。
廣室陰兮帷幄暗，房櫳虛兮風泠泠。
……
俯視兮丹墀，思君兮履綦。

班婕妤

仰視兮雲屋，雙涕兮橫流。

……

班婕妤悲不自勝，哀不自勝，也怨不自勝，於是，又寫下了〈怨歌行〉一詩：

新裂齊紈素，鮮潔如霜雪。
裁為合歡扇，團團似明月。
出入君懷袖，動搖微風發。
常恐秋節至，涼飆奪炎熱。
棄捐篋笥中，恩情中道絕。

南朝齊梁時代鍾嶸對此詩評價很高，說「團扇短章，詞旨清捷，怨深文綺，得匹婦之致」。後世的文人對班婕妤有很高的評價，並為她寫贊。如魏曹植〈班婕妤贊〉、晉左九嬪〈班婕妤贊〉、傅元〈班婕妤畫贊〉等。

一、秦漢皇妃

二、魏晉南北朝皇妃

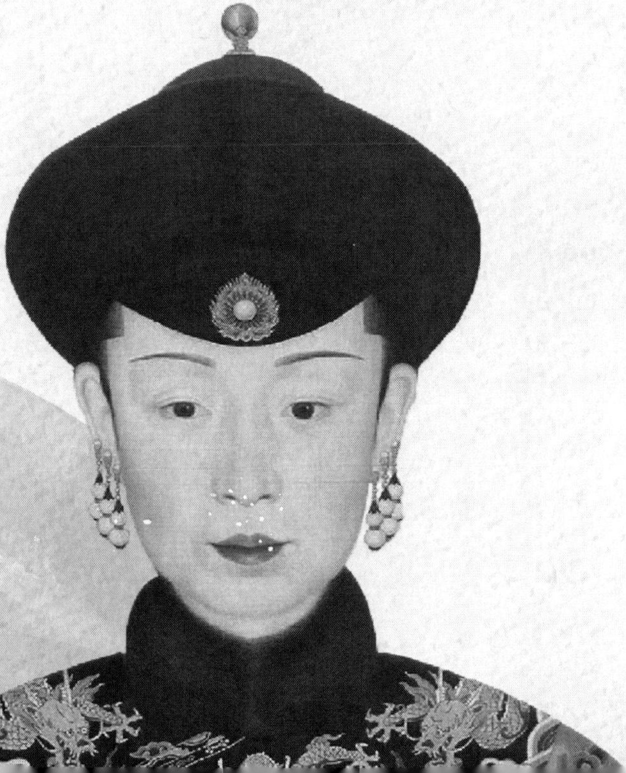

洛神甄皇后

魏晉時期的皇后受時代散漫氣氛的影響，不論美醜雅俗，大多都很風流。魏晉時期皇后的故事傳聞自然很多，但有些卻不真實。如魏文帝曹丕的甄皇后，盛傳她和曹丕的弟弟曹植生死相戀，說她容貌驚人，就是曹植筆下的洛神。其實，這只是傳聞而已，並不是歷史的真實。

真實的甄皇后確實是沉魚落雁，傾國傾城，她的美是無與倫比的：「其形也翩翩若驚鴻，婉若游龍，榮耀秋菊，華茂春松。彷彿兮若輕雲之蔽月，飄飄兮若流風之回雪。遠而望之皎若太陽升朝霞；迫而察之灼若芙蕖出綠波。穠纖得衷，修短合度，肩若削成，腰如約素，延頸秀項，皓齒呈露，芳澤無加，鉛華弗御。雲髻峨峨，修眉聯娟，丹唇外朗，皓齒內鮮。明眸善睞，靨輔承權，環姿豔逸，儀靜體閒。」千百年來，美豔動人的甄皇后何以牽動著世人的心，引起人們強烈的好奇和關注？

甄氏是中山無極人，父親是曾任縣令的甄逸，母親張氏是常山一帶的美人。甄逸夫婦恩恩愛愛，生有三男五女。甄氏最小，生於漢靈帝光和五年十二月。甄逸夫婦很疼愛她，視如明珠珍寶。全家哥哥、姐姐們也很喜愛她。

甄氏很小就聰明靈秀，長得如花似玉。史書上說，她每次睡覺，就彷彿有人拿件玉衣蓋在她的身上——可見其冰肌玉骨、容顏麗珠。相士劉良曾替甄家子女看相，看過她們面目秀美的姐妹以後，獨指最小的甄氏說道：「此女貴，貴不可言！」甄氏九歲的時候就喜歡讀書識字，她常常用哥哥們的筆硯，在紙上寫畫。她的哥哥們常常笑話她，對她說：「你是女孩，應該學習女工，終日讀書寫字，難道要作女博士嗎？」甄氏小小年紀，睜著一雙水靈靈的眼睛，煞有介事地答道：「聞古者賢女，未有不學前世成敗以為己誡，不知書，何由見之？」甄氏日漸才色雙絕，遠近聞名。

建安初年，甄氏十餘歲。袁紹任大將軍，兼領冀州牧。中山無極正是他的統轄範圍。甄氏才色雙絕的美名傳到袁紹的耳朵裡，袁紹就替自己的二兒子娶了她，她便做了袁熙夫人。

官渡大戰，曹操一舉大破實力雄厚的鄴侯——領冀州牧兼領青州、幽州、並州的袁紹，並領兵圍困了袁紹的都城——鄴城。袁紹大敗後回到鄴城，一病不起，不久即嘔血而死。

袁紹死後，鄴城沒了主帥，三個兒子又都不在，形勢萬分危急，造成這種危局的不是別人，正是袁紹自己。袁紹有三個兒子，長子袁潭、次子袁熙、幼子袁尚。袁尚長得很俊美，儀容風雅，極得袁紹及其夫人劉氏的喜愛。袁紹本應立長子袁潭繼承大業，卻偏偏鍾愛三子，有意立袁尚，卻又拿不定主意。最後，袁紹折衷，將長子派駐青州，次子派駐幽州，三子留守冀州，觀其才能，然後再定立是誰——實際上讓三子留守都城，意思便很明白。

長子袁潭心中不平，就請求曹操出擊袁尚。曹操官渡大捷以後，便應邀圍攻鄴城。袁尚得訊袁潭使壞，顧不上什麼同胞手足，先領重兵前往青州，與袁潭兵戎相見，大打出手。曹操圍困的鄴城，因守備空虛，老弱病殘加在一起，也不過一萬人，這哪裡敵得過曹操士氣正盛的三萬人馬？

當時，負責守衛鄴城的大將審配與副將蘇由很不和睦，為如何面對危局把守鄴城還爭吵了起來。蘇由經過反覆考慮，暗中致書曹操，願為內應。審配發現了蘇由的陰謀，蘇由便巧妙地逃出了鄴城，投向曹營。

曹操立即召見了蘇由，詳細詢問了城內的情況，還問及袁家有些什麼人留在鄴城。蘇由說：「袁紹的夫人劉氏留在城中；劉氏太寂寞，喜歡二媳婦甄氏，甄氏便沒有隨丈夫而去，也留在城中。」曹操說：「早就耳聞袁紹的幾個兒媳婦都很美，這位甄氏究竟如何？」蘇由回答說：「是幾個媳婦中最美的一個。她長得不僅豔麗，還知書達禮，只有她能體貼劉夫人，合劉夫人的脾氣，調和內外，府中上下對她都很敬愛。」蘇由最後的話被曹操的長子曹丕聽到了。曹丕事後又詳細詢問了袁府的位置、護衛情況以及甄氏究竟如何的秀美。蘇由的形容讓曹丕心醉神迷——窈窕的身材，腰肢纖細，胸部豐滿，皮膚似雪，烏黑的頭髮又濃又密，且長又及地。總之是生平聽到的唯一的美人。

袁尚回救鄴城，在路上被曹操截殺，大敗逃往中山，投奔袁熙。鄴城糧盡援絕，曹操準備攻城，下令城破之日，不准殘殺百姓，不准搶劫，不准傷害袁家老小。

審配死守孤城。其侄審榮覺得守城無望，大開東門迎接曹軍，曹丕帶著人馬殺進城中，並領著衛隊直奔養心湖畔的袁氏府邸。曹丕一行直奔後室，見到了劉夫人及弄得滿臉汙垢的甄氏。曹丕為甄氏的美色所動，把守好府中，奏請曹操賜賞甄氏。曹操是好色之徒，雖然自己想要，又不好和兒子爭女人。於是，曹丕得到了甄氏。這年曹丕十九歲，而甄氏已是二十四歲。這一年是建安九年。

曹操攻下了鄴城，又攻剿袁潭，次年在南皮將袁潭追殺。袁熙、袁尚坐守幽州，被將吏驅逐，逃往烏桓。建安十二年，曹操征烏桓。袁熙、袁尚逃奔遼東。遼東太守公孫康計殺袁氏兄弟，將首級獻給曹操。

甄氏身不由己，只能與曹丕廝守。袁氏全家被殺，甄氏也只有暗中流淚。不久，甄氏懷孕了，足月生下了一個兒子，取名曹叡，即為曹操的長孫。甄氏也頗得曹操正配夫人卞氏的喜歡。

曹操的家室安頓在鄴城，曹操繼續南征北戰。次子曹彰隨曹操領兵作戰，三子曹植隨侍左右，長子曹丕留守鄴城。曹植嗜書如命，才思敏捷，出口成章，而且儀容修偉，氣宇軒昂，很得曹操的喜愛和賞識。建安十五年，曹操在鄴城建銅雀臺，此臺築在土崗之上，左邊是芙蓉池，右邊是華明園，景色優美迷人。

曹操常在銅雀臺飲酒作樂，大宴賓客、幕僚和諸子隨侍。曹操的幕僚中有許多是聞名當世的文章高手，如陳琳、王粲、劉楨。曹操的幾個兒子曹丕、曹植、曹袞等也是敏才能文。一天，曹操高興，命諸子作〈銅雀臺賦〉。曹丕、曹袞搜腸刮肚，久久不能成篇。曹植卻輕鬆自如，一揮而就，曹操擊節嘆賞，幕僚們也無不嘆為觀止。曹丕卻因此而更加嫉恨曹植。

曹丕身為長子，但在立嗣上卻大為不妙——曹操很賞識曹植，曹操最信任的相府主簿楊修也親附曹植，相府的主事丁儀、丁廙、賈逵等也投向曹植。他們在曹操左右，常常見機說曹植聰穎，能付大事。曹操有事詢問時，楊修等先行相告，並善為謀劃，曹操便有意讓曹植嗣位了。建安十六年，曹植受封平原侯，而曹丕卻才只是祿二千石的五官中郎將。

曹丕憂心忡忡，鬱悶地向甄氏訴說。甄氏不但不為曹丕出謀劃策，還處處護著曹植，為他說話。曹丕大為憤怒，轉而向姬妾郭氏訴苦。郭氏工於心計，替曹丕想出了一個又一個固嗣倒植的好主意，並以計召來了謀士——朝歌令吳質。結果，曹操疏遠曹植，投附曹植的楊修自殺。曹丕獲得了決定性的勝利，贏得了曹操的信任，被立為世子，官拜副丞相，並開府自置官屬。此後，曹丕就視郭氏為心腹，寵幸有加。

建安二十五年正月，豪雄一世的曹操病逝，世子曹丕嗣立，為上丞相，魏王。十月，迫漢獻帝禪位，廢漢自立，國號魏，定都洛陽，為魏文帝。

曹丕於繁陽亭即皇帝位後，擬定原配甄氏為正室夫人——皇后。她生有兒曹睿，是曹丕的長子，正位宮闈當然非她莫屬。然而，事實上，她不但沒有即皇后位，還賠上了一條性命，這主要是因為郭貴嬪。

曹丕本來就對甄氏不能為他分憂解難耿耿於懷，無奈甄氏替他生了一兒子，又是原配。曹丕很寵愛郭氏，郭氏善察言觀色，讓他高興。郭氏巧妙地告訴曹丕，說甄氏所生的曹睿是八月懷胎，可能不是他的骨肉，曹丕大為震驚。郭氏住在魏都洛陽，甄氏留在鄴城。第二年六月，曹丕南征孫權，路過鄴城，見到甄夫人，滿腹狐疑，竟查問起兒子曹睿的身世。一向賢明自持的甄氏怒不可遏，兩人大吵了一場。不久，甄氏死去了。

甄氏的死因，史書上有兩種說法。

《魏書》說：「璽書三至，而后三讓，言辭懇切。時盛暑，帝欲俟秋涼，乃更迎后。會后疾篤，夏六月丁卯崩於鄴。」這是說，甄氏是病死的。

《魏志》說：「后愈失意，有怨言。帝大怒。二年六月，遣使賜死。」這是說甄氏是被賜死的。

病死還是賜死？分辨這個不難，賜死是真的，病死是假的。問題是，甄氏是如何被賜死的，因什麼而被賜死？是真的「有怨言」？這個恐怕不真實。甄氏是位很有教養的女子，不會為了爭寵而不顧一切，弄出醋海風波。史書記載她：寵遇愈濃，她愈自挹損。後宮有被寵幸的女子，她不但不妒恨，還大加「勸勉之」，其失寵或無寵的，則「慰誨之」。而且日常宴閒的時候，她還經常勸導皇帝，「昔黃帝子孫蕃育，蓋由妾媵眾多，乃獲斯祚耳。所願廣求淑媛，以豐繼嗣。」她對新婆婆、出身妓女的卞夫人也禮敬孝順。卞夫人多次由衷地讚美她是真孝婦。這樣一位「賢明以禮自持」的女子，怎麼會為爭風吃醋而懷怨賜死？這是不可能的。那麼，她是因何而被賜死？也許，是因為郭氏爭奪后位而挑撥所致，也許是別的，這是一個謎。

甄氏死後的第二年，即黃初三年，曹丕立郭氏為皇后。上郎棧潛上書諫阻說：「春秋書上說，無以妾為妻，今後宮嬖寵，常亞乘輿，若因愛登後，使賤人暴貴，臣恐後世，下陵上替，開張非度，亂自上起也！」其他朝臣也紛紛進諫表示反對。

曹丕哪裡聽得進這些。他愛郭氏，離不開郭氏，照舊立郭氏為皇后，並命郭氏以曹睿為兒子，代為撫養。曹睿一天天長大，曹丕儘管高興，但對曹睿的身世總有點疑惑，因而一直沒有立他為太子。直到黃初七年五月，曹丕病重不起，臨死前才立曹睿為太子，遺詔曹真、曹休、司馬懿為輔弼，隨即死於洛陽嘉福殿，時年四十歲。

曹睿即位，年二十二歲，為魏明帝。尊母親甄氏為文昭太后，尊皇后郭氏為太后。他知道母親是死於非命，為此很難過。他不喜歡郭太后，但郭太后曾撫養過他，他只能以禮相待。

青龍三年，甄夫人曾在臨死時委託照料曹睿的李夫人告訴這位年輕的皇帝，說他的母親甄氏，死的時候裝殮時，是按郭太后的吩咐，被髮覆面，以糠塞口，使她從此不能翻身，也不能辱罵。

明帝大為震怒，奔往永安宮質問郭太后。郭太后狡辯。明帝吩咐斷絕郭太后的一切供應，令郭太后自盡。郭太后走投無路，只好自殺。明帝「命殯葬太后，亦如甄故事」，並追尊母親為文昭皇后，另立寢廟，世世享祀，祀樂與祖廟相同。

悍后賈南風

晉武帝司馬炎病重的時候，令中書擬詔，委汝南王司馬亮、侍中車騎將軍楊駿共同輔政。楊駿祕不宣詔。小楊皇后楊季蘭偽造詔書，以楊駿輔政。晉武帝隨即於太熙元年四月死去，太子司馬衷即皇帝位，太子妃賈南風為皇后。

武帝在選太子妃以前，曾對楊皇后說賈氏有五不可：種嫉、不宜子、短、黑、相貌不美。但因楊皇后的堅決反對，又加之武帝寵信的荀勖從旁鼓勁，賈南風入選為太子妃。

賈氏的種族嫉是有來由的，因為賈南風的母親郭槐是個嫉妒狂，朝野聞名。郭槐的丈夫是賈充，元配夫人本來是李氏，賢慧而漂亮，與賈充生有一個女兒，名叫賈荃。因為李氏的父親李豐在魏時犯罪被殺，家屬坐禍，遠徙邊地，賈充被迫與李氏離婚，隨後，娶進郭槐。司馬炎廢魏建晉，大赦天下，李氏返回洛陽。賈荃已為齊王攸王妃。賈充破鏡重圓，晉武帝特許置左右二夫人，地位平等。

郭槐嫉妒成性，堅決表示反對，不許李氏踏進家門。賈充沒有辦法，只好辭謝，說不敢當二夫人之命。王妃賈荃也力主父母團圓，賈充害怕悍妒郭槐，還是不敢答應，把李氏安排在洛陽永年裡，始終不敢往來。郭槐還每天派心腹跟蹤賈充，以防他越軌。於是，郭槐的悍嫉悍妒，朝野皆知。

賈充與郭槐生有兩女，長女賈南風，次女賈午。選太子妃時，賈午雖然漂亮，但才十二歲，而且身材弱小，撐不起衣服。而賈南風十五歲，大太子兩歲，雖然又黑又矮，但還算豐滿，較為成熟。

賈南風生長於貴宦之家，膽大妄為，無所顧忌，既高傲，又奸詐，而且精於權術。結婚以後，凶悍而性妒還淫蕩無比。她在宮中玩盡了風流，是位罕有的皇后。

賈南風雖然黑矮醜陋，但卻工於心計，人又很機敏。她入選太子妃以後，沒幾個回合，便把太子司馬衷牢牢地控制在手裡，任意玩弄。賈南風是東宮之主，獨享快樂，不許其他宮女染指太子。她一連替太子生了四個女兒，但就是生不出一個兒子。賈南風本性凶妒，不許太子接近其他女子。她得知宮中有女子懷孕，立即吩咐弄死。她自己就親手拿衛士手執的大戟，當胸扎死了兩位懷有身孕的宮女。太子妃的凶妒成性，於是也像她的母親一樣，遠近聞名。

太子其實在賈南風之前，已經有了一個兒子，只是她不知道。原來，在議婚前夕，晉武帝考慮太子年少，才十三歲，不懂男女房中之事，便選了後宮一位清惠貞正而有淑妾的才人謝玖前往東宮侍寢，教太子入門。賈南風入選太妃時，謝玖已是「得幸有身」。因為賈南風悍妒，謝玖請求回到西宮，後來生下了一個兒子，取名司馬遹，一直養在武帝的宮中。

司馬遹三歲時，太子司馬衷一次進宮問安，看見了他與一群皇子遊玩。司馬衷一一拉著皇子的手，逗他們玩，根本不知道其中有一個是自己的兒子。這時，武帝才告訴他，這位司馬遹就是他的兒子。司馬衷非常奇怪。

司馬炎很喜歡這位長孫。司馬遹五歲時，有一天宮中失火，火光沖天。司馬遹看見皇上司馬炎站在火光中，連忙跑過去拉著他的衣服，將他拉到暗處。武帝司馬炎大為驚詫，問這孩子，為什麼要躲在這裡？司馬遹小聲回答：「暮夜倉促，宜備非常，不宜令火光照見人君！」司馬炎聞言後不禁狂喜，有這樣的長孫，太子的痴愚不足憂也，長孫的聰穎可以彌補！此後，司馬炎便常對群臣說：「此兒當興我家！」司馬炎下令明譽天下，讓天下的人知道，他有一個聰明絕世的長孫。

望氣的人說廣陵有王氣。司馬炎立即封司馬遹為廣陵王，食邑五萬戶！並令劉寔為師，孟珩為友，楊、馮蓀為文學。司馬衷即位以後，司馬遹被冊立為太子，任德望很高的何劭為太子太師，王戎為太傅，楊濟為太保，裴楷為少師，張華為少傅，和嶠為少保。後來，太子長大了，誰知卻不成器，不好學，偏偏嗜殺，又貪色如命。再往後，賈南風就藉機殺死了他。

賈南風在太子宮中曾大開殺戒，妄殺懷孕的宮人。大戟劈下，孕婦倒斃，孩子隨刃落地。武帝聽到奏報後勃然大怒，令修金墉城，準備廢掉太子妃，將她囚禁。賈家得訊以後，又驚又恐，請荀勖、馮等求助充華趙粲。趙粲正得武帝的恩寵，便相機進奏武帝：「賈妃年少，妒是婦人之情耳，長自當差，願陛下察之。」接著，楊珧也來求情，說賈公閭對晉室有功，難道陛下忘了嗎？荀勖也進言相救。武帝這才沒有廢掉太子妃。賈南風遂隨著司馬衷即位，立為皇后，武帝的小楊皇后為皇太后，楊駿以太傅大都督總理軍政。自此，賈氏與楊氏開始爭權。

楊太后比賈皇后還要小兩歲，賈氏根本不把她放在眼裡。楊駿掌握著實權，事事對賈后多有裁抑，賈后最恨他，也主要是用心對付他。賈后以族兄賈模、舅父郭彰為謀主，設計殺死了楊駿，並隨之廢掉太后。

賈皇后利用心腹宦官董猛，透過朝臣中郎孟觀、李肇了知楊駿的活動。賈后先召汝南王司馬亮入朝討楊。司馬亮不聽，賈后又召楚王司馬瑋，派李肇遊說，獲得成功，楚王入朝。賈后讓惠帝寫詔書，稱楊駿謀反，將楊廢退，並命楚王會同東安公繇逮捕楊駿。楊駿截獲了大變的密報，左右勸他當機立斷，火燒宮城雲龍門，擁太子入宮靖難，廢掉賈后。楊駿猶豫不決。結果，楊駿被殺，楊太后囚禁，楊家的一應文書全部燒燬，隨後，楊太后被廢為庶人，囚禁金墉城，其母龐氏被斬。楊太后最後也被活活地餓死，死時才三十四歲。

楊氏被除以後，賈后以楚王司馬瑋掌握兵權，委汝南王司馬亮和太保衛瓘共同輔政。幾個月後，司馬亮、衛瓘被殺。接著，賈后命太子少傅張華解除司馬瑋的兵權，將他逮捕下獄，並以「假傳聖旨，謀害大臣」罪斬首。自此以後，賈后大權在握了，倚族兄賈模、侄兒賈謐、太監董猛為心腹。

賈皇后大權獨攬，對於政治卻有些章法。賈模任散騎常侍，王戎為右僕射，張華為侍中、中書監。史書上說：「華盡忠帝室，彌縫遺闕。后雖凶險，猶知敬重。與模（賈模）、（裴）同心輔政。故數年之間，雖暗主在上，而朝野安靜。」賈皇后權位鞏固以後，便不滿足於柔弱的惠帝，開始無所顧忌，淫蕩了起來。太醫令程據是賈皇后的固定情夫，經常出入宮禁，與皇后私通。賈皇后還是不滿足，常派心腹到宮外洛陽城中，物色一應的美男子，弄進後宮。賈皇后與這些美男子淫樂，玩夠了以後便將其殺害。於是，洛陽城中開始緊張起來，所有的美男子都在薄暮以後，不敢出門。至於美男子一個個失蹤，又是去了哪裡誰也不明白，也不知道是何人幹的，只知道有一輛輛神祕的黑箱車時而出現。

洛陽城南鬧盜賊。尉中一位小吏，白白淨淨，姿容秀美，是位極惹人喜愛的美男子。不知從何時開始，這位任小吏的美男子開始闊綽起來，身上竟穿起了貴重的衣服，而且，這些衣服是只有宮中或巨室才有，他會不會是偷來的？人們疑惑。長官為此審問了他。

小吏便如實講了他的經歷，講得很奇特。他說，有一天，突然來了一位老太婆，說家人生了重病，法師告訴說，到城南請一個年輕的男子住幾天，借其陽剛旺火，可以驅除邪魔，病人方能康復。她還說，請一定幫忙，事後定當重謝。於是隨去。「上車下帷，納麓箱中……忽見樓闕好屋。問此是何處？云是天上。即以香湯見浴，好衣美食將入。見一位婦人，年約三十五六，短形青黑色，眉後有疵。見留數夕，共寢歡宴。臨出，贈此眾物。」賈后的娘家就在城南。審問小吏時，恰有一位賈后的遠親站在那裡，聽小吏講了這一經過，知道了這位「眉後有疵」的婦人便是賈皇后，遠親只得訕笑而去。長官也略明白了一些，此事就不了了之。顯然，這位小吏能僥倖出宮，是賈后念他憨厚無知，惹人憐愛，動了惻隱之心，不忍將他殺害。

文明太后

因禍得福

馮氏，長樂信都（今河北冀縣）人，生於長安。祖父馮文通原是北燕國君馮跋的小弟，在馮跋死後繼承帝位，父親馮朗原為北燕的廣平公，因母親王氏被廢，於北魏延和元年與胞弟馮邈逃奔遼西，勸說大哥馮崇一起投奔北魏。馮崇被北魏封為遼西王，馮朗後來做上了秦、雍二州刺史，西郡公。

馮朗在北魏犯了死罪被殺，他的女兒馮氏便隨著姑姑馮昭儀來到北魏後宮，相依為命。姑姑馮昭儀是在北魏延和三年由馮文通主動送給北魏世祖表示停戰言和的，馮昭儀於是承擔了教育她的重擔。馮氏天姿聰穎，勤奮好學，幾年後，她學到了不少知識，說起話來總是溫文爾雅，做起事來總是符合禮儀，加上少女特有的光彩，很快就成了後宮中引人注目的人物。深受太子拓跋浚的鍾愛。北魏興安元年，拓跋浚當了皇帝，馮氏被封為貴人，太安二年又被立為皇后，即文明皇后。

馮氏在皇后的寶座上坐了幾年，剛嘗到了當皇后的榮耀顯貴，可是到了北魏和平六年五月癸卯這天，二十六歲的拓跋濬不幸病死，北魏國都平城（今山西大同），舉國沉浸於無限悲痛之中。按照北魏的慣例，國喪三天之後，要把死者生前所用過的衣服器物全部燒燬，文武大臣及中宮都要以嚎啕大哭來表示對死者的哀掉。當宦官舉著火把，將堆積如山的衣物點燃時，已哭成淚人的馮皇后撲進烈火之中，可見她對文成帝的愛情之深。待周圍的人把她救起時，她已昏迷不醒，被抬回宮中，經御醫緊急搶救才保住了生命。幾天之後，年僅十二歲的太子拓跋弘繼承帝位，是為北魏獻文帝，馮皇后被尊稱為皇太后。

親整朝綱

當時，侍中、車騎大將軍乙渾因獻文帝年幼可欺，乘機盜用獻文帝詔令，肆無忌憚地誅殺異己，建立個人獨裁政治，先後把尚書楊保年、平陽公賈愛仁、南陽公張天度、平原王陸麗、司衛監穆多侯全部殺掉。面對政治危機，年幼的獻文帝一籌莫展，只好在文明太后面前哭泣。文明太后開始對乙渾瘋狂殘殺大臣也十分害怕，不敢公開得罪乙渾，只好將他封為丞相，以此求得自己和獻文帝的人身安全。但是，乙渾隨著自己獨裁地位的逐步穩定，野心越來越大，並不滿足於自己的實際權力，準備發動政變，奪取帝位。殘酷的現實使文明太后認清了乙渾的真實目的，不抗爭、不放手一搏就是死路一條。她便丟掉幻想，命令元丕、元賀、牛益得等人率領軍隊，前往乙渾府將乙渾殺掉。文明太后鑒於緊張局勢，宣布臨朝聽政，全權處理一切政務。不久，文明太后感到事務太多，即使自己再生出三頭六臂也無法做完，於是又把中書令高允、中書侍郎高閭和賈秀三人叫到宮中，協助她處理政務。

一年之後，獻文帝的兒子拓跋宏降臨人間，給當奶奶的文明太后帶來了無比喜悅。文明太后突然宣布還政於獻文帝，不再過問任何政事，專心致志地撫養拓跋宏。實際上，權力欲極強的文明太后不是真心實意地把大權交給獻文帝，只不過是由櫃檯暫時退到後臺，文明太后怕獻文帝不完全聽她的指揮，便將自己的哥哥馮熙提拔成太傅，隨時監督獻文帝。

虎毒食子

獻文帝剛親政時，有很多事情都不敢做主，事事均向文明太后稟報，得到文明太后的許可後才去做。文明太后對獻文帝較為滿意和放心，但隨著年齡的增長，獻文帝對她的專權越來越反感，不僅不聽她的話，有時還故意找藉口與她鬧彆扭。皇興四年十月，獻文帝藉故把文明太后的面首李奕和李奕的哥哥李敷殺掉。這下可捅了螞蜂窩。文明太后聞訊後，就如同一頭被激怒的獅子，大罵獻文帝，揚言不廢掉獻文帝誓不罷休。

獻文帝遭到痛罵之後，心裡很難受。本以為乘自己風華正茂之年，應大幹一番事業，留名於青史，可現在受制於太后，任憑自己有天大本事也施展不開，弄不好還要丟掉腦袋，何苦來呢！對黃老之學、佛經義理很感興趣的獻文帝看破了紅塵，決定把帝位讓出。但獻文帝不甘心拱手讓太后掌握大權，便很動了一番腦筋：決定將帝位讓給叔父拓跋子推，這樣就可以限制太后。

最初，文明太后聽說獻文帝準備讓位，以為是讓給太子，心中暗喜，一個五歲的娃娃總比十八歲的小夥子更好控制。但她得知獻文帝是要讓位給拓跋子推，心裡又急又惱，怕獻文帝的想法變成事實。獻文帝於皇興五年八月的一天，把大臣們召集起來討論讓位事宜。結果使他大失所望，大臣們一致反對將帝位讓給拓跋子推，意見是將帝位傳給太子拓跋宏。直到這時，文明太后才放下心來，又可以專權了。同年丙午這天，年僅五歲的拓跋宏登上了皇帝寶座。

一次，文明太后被一場揪人心弦、催人淚下的哭聲攪起了恐懼的波瀾。文明太后對拓跋宏的哭聲聽得多了，對他的哭相看得多了，習以為常。但此次哭聲卻過分悽慘了。身為父親的獻文帝問兒子為什麼要哭，拓跋宏說：「對已故親人的感傷程度太嚴重了。」

文明太后心中心頭一怔，突然想到顯祖身上長膿包時，拓跋宏用嘴給他吸膿的往事。文明太后越想越怕：這孩子確實精明過人，小小年紀竟能說出這般話！如此聰明早熟，將來如何駕馭？必制之方能安心。一個冰天雪地的日子，文明太后便把拓跋宏騙到一間屋子裡，可憐的小皇帝被文明太后脫得只剩下一件內衣，然後文明太后就狠心地將他鎖在裡面，三天三夜不給飯吃，企圖磨掉他身上的稜角。殘酷折磨並沒有使拓跋宏向奶奶苦苦求饒，只是使他變得更加聰明，從此沉默寡語。文明太后還不甘心，又準備廢掉拓跋宏，讓他的弟弟拓跋禧繼承帝位，在元丕、穆泰、李沖等重臣的反覆勸阻下，才不得不打消了這一念頭。從這次事件中，拓跋宏學會了保護自己，躲在書齋裡刻苦讀書，手不釋卷。文明太后看在眼裡，樂在心裡，對拓跋宏的戒心漸漸消失了。

文明太后為能隨意擺布小皇帝而很高興，可當了太上皇的獻文帝卻不甘寂寞。延興三年十一月，獻文帝南下視察，路過懷州時，薛虎子求見，要求恢復被文明太后罷免的枋頭鎮將的官職，獻文帝當即恢復了他的官職。文明太后雖對此極其惱怒，但她努力克制自己，等待時機。觀望了三年後，文明太后認為良機已到。到承明元年初夏，她列出了獻文帝的重大活動，第一類是：延興二年二月，顯祖戎裝出城，在北郊指揮各位將領反擊柔然進攻；同年十一月，他又騎上戰馬，親自討伐柔然，一直打到漠南，把柔然趕出幾千里外。次年十月，顯祖一度打算南征劉宋；第二類是：延興四年二月，獻文帝南下視察，次年十月，又在北郊舉行閱兵儀式。文明太后認為反擊柔然、南下視察，對提高國威很有利，可也抬高了獻文帝本人的身價；再說，他常指揮軍隊，不是成心要操縱軍權嗎？一旦讓他操縱了軍權，自己的後果將不堪設想。第三類是：延興二年，頒布詔令，讓工商雜伎全部務農，禁止濫殺牲畜，保護農業生產，還嚴格考核官吏，明確指出：對那些克己奉公、廉潔公正的牧守可以長期任用，對那些成績顯著的官員晉升一級，對那些貪婪殘暴、榨取民脂民膏的官員嚴懲不貸。第四類是：延興四年六月，再次命令：處理一切案件都應按法律程式辦事，以事實為根據，以法律條文為準繩，用刑應當慎重，尤其用重刑更要慎之又慎。文明太后想，這是獻文帝在收買人心，如果任其繼續活動，獻文帝極有可能東山再起。經過這樣的分析，文明太后心中產生了一種被押赴刑場的感覺，她絞盡腦汁，策劃對付獻文帝的計策。最後，文明太后決心剷除後患，殺掉獻文帝。六月辛未這天，文明太后派心腹害死了獻文帝，沒有留下任何痕跡，因此，後世的史家只能對此事作出如下推測：將他毒死；在禁中埋伏壯士，乘他朝拜之機將他暗殺。

獻文帝的死，引起了很多人對馮太后的不滿。蘭臺御史張求見馮太后殺戮無辜，對獻文帝的死因產生了懷疑，便聯絡獻文帝生前的親信，及京城中忠於獻文帝的將士，策劃一場政變，廢掉文明太后，並殺之。他們商議乘天宮寺一年一度的大法會，設下埋伏，乘文明太后進香拜佛之機，將她囚禁，命她歸政於孝文帝。但事情很快敗露了，文明太后派人拘捕了張求諸人，並殺死與此案有牽連的幾千人。為穩定政局，文明太后再次臨朝聽政。

大權獨攬

文明太后詭祕毒死了獻文帝後，雖暫時解除了對她權勢的威脅，但她的神經並沒有鬆弛下來，再次臨朝聽政激起了她獨攬大權、鎮壓政敵的慾望。文明太后將政敵分為兩類：一類是獻文帝的同黨，另一類是孝文帝母親一家的勢力。文明太后權衡了這兩方面勢力對自己的威脅程度，決定先拿獻文帝的同黨開刀。

獻文帝派的代表人物是侍中、鎮南大將軍李訢。文明太后對李訢心中也有幾分怯意。她深知李曾負責過選才任務，有一定的士人基礎，對他的處理稍不謹慎就會引起連鎖反應，惹出麻煩。

然而，機會來了。正當文明太后一籌莫展時，宦官趙黑、盧奴令范標幫了她大忙。趙黑在與李訢共同負責選部時，曾被李排擠，由尚書降為一個看門的門夫。趙黑隨時準備報仇，獻文帝死了，趙黑認為機會來了。他向文明太后哭訴李訢的專權罪行，並願為太后幹掉李效犬馬之力。范標是個兩面派人物，與李訢原是無話不說的知心朋友，自然掌握了李的不少資料。范標揣摩文明太后準備收拾李訢，便主動向文明太后誣陷李企圖外逃。太后明知范標的話是迎合她的心意胡編亂造出來的不實之辭，但也如獲至寶，將范標誇獎一番，並一再威脅他不准改口，然後馬上派人到徐州通知李訢速回京師。

太和元年十月的一天，文明太后將李訢召進宮，逼他交代所謂企圖外逃的罪行。李訢被太后的話弄得丈二金剛摸不著頭緒，不承認這種莫須有的罪名。文明太后沒容李訢辯解幾句，就向宦官使了個眼色，范標就被宦官引到太后跟前。范標向太后行過禮，將背得滾瓜爛熟的所謂證詞複述了一遍。這個意外的證詞如同五雷轟頂，把李訢氣得暈頭轉向，他沒想到自己推心置腹的朋友出賣了自己！李訢瞪大眼睛，氣憤地說：「既然你都誣陷我，我還有什麼好說的呢！」然後將一口濃痰吐到了范標的臉上，悲傷地說：「都怪我認錯了人，悔之晚矣！」文明太后見范標很尷尬，便朝他揮揮手，示意他暫時退出殿堂，然後問李訢還有什麼需要交代，李訢揚了一下頭，沒有表示。文明太后一聲令下，衛兵手腳十分麻利地將他捆綁了起來，拖出殿堂。幾天後，文明太后又下令：立即處決李訢和他的兩個兒子李和、李令度。幾天之後，文明太后又把與李訢關係不錯的許多人一起殺掉。

消滅了獻文帝的同黨後，文明太后把矛頭指向了拓跋宏母親李氏一家。

拓跋宏生母李氏是南郡王李惠的長女，十八歲那年被選入東宮，獻文帝即位後被封為貴人，天安二年生下皇子拓跋宏。兩年之後，在拓跋宏被議定立為太子後，文明太后帶著痛苦的表情對李夫人說：「孩子，你也知道，我們老祖宗為了避免中原王朝母后干政和外戚專權的禍害，早在代北的時候就立下了一條規矩，凡是後宮生下的皇子如果被立為太子，他的親生母親就要被賜死。我知道你還年輕，很愛孩子，但老祖宗的規矩不能更改啊！」李夫人無法抗拒這條極其殘忍的規矩，只好含恨結束年輕的生命。但李夫人的父親李惠和李惠的弟弟李初、李樂，李惠的堂弟李鳳以及李夫人的幾個兄弟，在拓跋宏繼承帝位後，很有勢力，時刻準備操縱拓跋宏。李惠本人就很有作為，在任秦州、益州、雍州、青州刺史時政績不錯，斷案如神，很受官員和百姓的尊敬和愛戴。李惠的存在，對文明太后是極大的威脅。文明太后也深知處理外戚要有合情合理的藉口，要給他們定一個大臣們能夠理解的罪名。一天，文明太后從一位回朝的大將那裡得到了啟發，決定誣陷李惠準備外逃劉宋王朝，給他定下叛國罪名。有了這個罪名，就會讓他掉了腦袋。太和二年十二月癸巳這天，文明太后以叛國罪名將李惠一家送上了斷頭臺。

廣蓄面首

按說，文明太后在清除了異己之後，應精神振奮，心情舒暢，可她仍感到憂鬱寡歡，無精打采。她年輕守寡，正是青春年華的大好時光，文成帝去世時她才二十四歲。她想永遠操縱大權，也想滿足生理需求，於是開始為自己尋找面首。

她首先找到的是王叡。王叡字洛誠，自稱太原晉陽人，祖先在西晉八王之亂時遷到姑臧（今甘肅武威）。父親王橋，通曉天文曆法，在北魏平定涼州後到了平城。王叡從小跟父親學習算命占卜，被當時還是太子的恭宗發現，提拔為太卜中散。文明太后再次臨朝聽政後，見王叡身材魁偉、儀表堂堂，便以找他算卦為名，把他召進後宮，使他落入圈套，成為自己的面首。從此以後，文明太后按時和他同床共枕，尋歡作樂。文明太后對王叡是很優厚的，先他升為給事中，又提拔他為吏部尚書，賜爵太原公，允許他參議國家軍政大事。太和四年，又把他提升為中書令、鎮東大將軍，封爵中山王。王叡的兩個女兒出嫁時，均按照公主、王女的禮儀，接受大臣們的恭賀。文明太后把王叡的女兒當作自己的女兒看待，親自到太華殿接見她們。當她們出嫁時，文明太后親自送她們到半路。這種場面驚動了平城的千家萬戶，被人們稱為天子、太后出嫁女兒。王叡對太后感恩不盡，願為她赴湯蹈火，獻出微薄之軀。為掩人耳目，文明太后總是在和王叡進行一番男悅女歡之後，開出一張物品清單，在夜深人靜時命宦官悄悄地把物品拉到王叡家中。就這樣，文明太后很快就讓王叡當上了大富翁。

李沖是文明太后的另一個面首和私黨。李沖字思順，敦煌公李寶的兒子。李沖與王叡的陽剛恰好相反，他是一個深沉而又工於心計的書生。文明太后為了對他帶來的溫情、慰藉和歡樂表示感謝，一個月之內就對他賞賜了幾千萬，使家境貧寒的李沖在短時間內也成了一位富翁。不過，李沖並不是一個貪財人，他把這些財物大多送給了親朋好友、街坊鄰居，有時還分一些給鄉村的貧民百姓。

俗話說，沒有不透風的牆。文明太后和王叡、李沖的風流事再隱祕，也還是傳到大臣們的耳中，宦官給他們送東西時的行蹤再詭祕，也會讓人知道。文明太后怕的是德高望重的元丕和游明根等人對她的行為說長道短。為了堵住他們的嘴，在給王叡、李沖財物時，也少不了給元丕和游明根一份，幫王叡建造一座豪華的住宅時，也沒忘了給元丕建造一座。新宅落成時，她還率領文武大臣前去剪綵，並暗中塞給元丕一顆金印。為了皆大歡喜，文明太后提筆撰寫了一首〈勸戒歌辭〉送給大臣。在大臣們的一片喝采聲中，她感情衝動地說：「臣哉鄰哉，鄰哉臣哉；君臣和睦，天下太平。」「君臣和睦」

實際上是要求大臣們團結在她的周圍。

文明太后在與面首打得火熱的同時，又在宦官當中培植自己的心腹，發展自己的私黨。於是她便把在宦宮中精心選擇的趙黑、劇鵬、李豐、張祐、王遇、抱嶷、蔡承祖、李堅等人作為她的私黨。

文明太后有了關心和保護她的面首，又有了效忠於她的宦官心腹，還有聽她擺布的小皇帝，她當然無所顧忌，一手遮天。

但是，隨著時間的推移和政權的穩固，文明太后很有自知之明，她明白早晚有一天，她也會像普通人一樣離開人世，於是，她時常考慮為自己選擇一塊比較中意的地盤作為自己的陰宅。一日，文明太后遊性大發，在文武大臣的簇擁下到了方山。她站在山頂，略帶感傷地對大家說；「我死以後，你們把我安葬在這裡就行了。」聰明的小皇帝拓跋宏一回到平城就下令為她在方山建造陵墓，在陵墓的南部建永固石室。太和五年開始動工，太和八年全部竣工。

文明太后知道，在她離世以後，馮家的顯貴地位必然跌落。文明太后焦慮之中想出了一條妙計：把侄女召進後宮，在適當時機立為皇后，繼續保持馮家的權貴地位和馮氏政權的連續性。可是她的兩個侄女很令她失望，其中一個入宮不久就染病死亡，另一個也因身體欠佳，只好皈依佛門。不過，文明太后的心血沒有白費。她死後，她的另一個侄女和當尼姑的侄女都先後當了皇后。遺憾的是，她們都沒有像她那樣時刻為馮家著想，更沒有她那般強烈的使命感和責任感，結果姐妹之間發生內訌，自取滅亡。

改革政治

鮮卑族入主中原後，本身帶有許多落後的習俗和制度。文明太后作為一個漢族女子，雖進了北魏後宮，對那些落後的制度是看不慣的。然而，在沒有實權的情況下，她也無可奈何。當她毒死獻文帝，再次臨朝後，就萌發了一種變革的念頭。承明元年，她先作了一次嘗試。這年二月，有關方面的官員要求對管理太廟內獻文帝神主的執事官賜給爵位。按照先例，這些官員的要求合情合理，可是文明太后卻板起面孔對他們說：「今後討論任何事情都應依照『古典正言』，不准遵循什麼先例！」大臣們聽後無言以對。這次嘗試的成功，令她充滿信心，開始精心設計全面改革方案。

北魏幾乎各級官吏都截留國家賦稅，中飽私囊，有的竟和商賈互相勾結，利用徵收租調之機，向老百姓百般勒索，大發不義之財。文明太后臨朝聽政後，對這些現象瞭如指掌。按漢制來說，對做官的應該發給俸祿，可是北魏初期百官都沒有俸祿。這些問題在戰爭頻繁的北魏初期較容易解決，戰爭結束後按功勞大小和品爵高低分配戰利品就能基本滿足他們的要求。但是，到太延五年拓跋燾統一北方，戰爭日益減少，靠掠奪很難滿足需求了，而大部分官員便大肆貪汙公物，血腥榨取民脂民膏，致使民不聊生，怨聲載道。文明太后覺得最好的辦法是給百官一定的俸祿，如果他們有了俸祿，一般就不會再貪汙了，也不會變換手法向百姓勒索了。文明太后還認為，對那些貪婪成性、惡習不改的人，必須嚴懲；只有嚴懲，才能保證法律的嚴肅性和權威性，於是便在太和八年開始實行班祿，給了俸祿後，如果再有貪贓枉法者，只要夠了一匹就要處死。條例頒布後，文明太后對四十多位利慾熏心以身試法的官員判處了死刑。拔跋宏也積極配合奶奶的行動，親自審問大貪汙犯秦益二州刺史李洪之。

文明太后在嚴懲貪官汙吏的同時，看到了北魏另一些嚴峻問題。當時，豪強兼併了山林沼澤，而貧民百姓無地可耕，致使大量土地得不到開發和利用，豪強地主則成了與國家爭奪勞動力的強大勢力和武裝反抗中央的獨立王國。在這種情況下，北魏經常出現貧民百姓因爭奪土地而發生械鬥和無法維持生計而武裝暴動的反抗事件。如何解決這些問題？文明太后認為只有推行均田制才能解決上述問題；只有建立三長制才能保證均田制的順利推行。這時，由李沖出謀劃策，提出了改變「宗主督護」制度建立「三長制」

的具體方案。「三長制」建立後，國家可以有組織地搜刮隱漏戶口，擴大編戶齊民，順利推行均田制。隨著「三長制」的建立，地方隱漏戶口被查出，文明太后又全面推行均田制。文明太后考慮到當時普遍實行休耕法，有的需要兩年或三年輪種，因而授田數量相應增加一倍或兩倍。文明太后把這部分土地叫做倍田。受田的良民到了不能勞動或者死亡時，要把土地交還給國家，如果失去奴婢和牛也要交還其所受土地。奴婢也可以按規定得到如數桑田。這些桑田必須在三年之內種完，如果到期種不完，國家則要索回。土地不足之處，桑田包括在倍田數中。所有的桑田都是「世業田」，可以世代相傳，不必交還國家，不夠規定數額的可以買夠規定數額，超過規定數額的可以賣掉超額的那部分。對那些傷殘老少寡婦需要照顧，十一歲以上和聾者授給一半土地，七十歲以上的老人不必交還所授土地，沒有改嫁的寡婦不僅授給婦田，而且還免徵課稅。她還根據全國人口密度不一的實際情況，制定了關於「狹鄉」和「寬鄉」的具體政策。文明太后進一步考慮到，罪犯和絕戶人家的土地先收為公田，將來作為授受之用，然後按照宗法統或者送給他們的親人，或者借給他們的親人。增加了人口後，按照先貧後富的原則授給他們土地。各級官吏是文明太后統治全國的大小支柱，太后當然不會虧待他們，規定按官職高低分給公田：刺史十五頃，太守十頃，治中、別駕各八頃，縣令、郡丞各六頃。官田不得買賣，否則將依法懲處。

懲治貪官

自從臨朝聽政以來，文明太后對宗室子弟嚴格要求，太和九年，她將拓跋宏的弟弟拔跋禧封為咸陽王、拓跋斡封為河南王、拓跋羽封為文陵王、拓跋雍封為潁川王、拓跋勰封為始平王、拔跋詳封為北海王，下令建立學館，提供他們系統學習的環境。文明太后還把她親自撰寫的從各個方面為北魏宗室子弟制定做人處事準則的三百多章（勸戒歌）分發給他們，讓他們反覆學習，自覺遵守。

作為太后孫子輩的諸王一般能夠接受她的思想，遵照她的教導，可作為與她同輩的諸王就不同了。懷朔鎮將汝陰王拓跋天賜和長安鎮將雍州刺史南安惠王拓跋楨都是文明太后丈夫文成皇帝的弟兄，在文明太后臨朝聽政時掌握一定權力。他們以老資格自居，對文明太后的話置若罔聞，貪贓枉法。文明太后對他們毫不客氣，於太和十三年把他們捉拿歸案。有些大臣到太后面前為二王說情。文明太后厲聲問道：「依你們之見，我是赦免二王毀掉國家的法律，還是大義滅親維護法律的尊嚴呢？」大臣們跪到地下，異口同聲地說：「二王是景穆皇帝的兒子，無論如何也應赦免。」文明太后搖搖頭，宣布休會。

大臣們退出皇信堂後，文明太后陷入了極其矛盾之中。她想到統治北魏皇帝需要這些文武大臣們的鼎力相助，不可輕易得罪，而如不嚴懲二王，必然滋長腐敗勢力，引起下層的普遍不滿，給社會增加不穩因素。次日清晨，文明太后決定採取折衷方法，既照顧宗室和大臣的情緒，又教訓二王，便透過孝文帝頒布了一份詔書：「二王雖然犯下了十惡不赦的罪行，但太皇太后念他們是高宗的兄弟，況且南安王又是遠近聞名的孝子，免他們一死，只罷免他們的官爵，禁錮終生。」過了幾天，文明太后了解到中散閭文祖在到長安調查南安王犯罪事實時，曾接受南安王的賄賂，為他掩蓋罪行，便對大臣們氣憤地說：「閭文祖以前經常自吹如何清廉，沒想到他竟敢做這種知法犯法的勾當。由此看來，知人知面難知心啊！」說完，下令立即罷免閭文祖。

文明太后對二王都如此嚴懲，對其他貪官汙吏就更不手軟了。太和三年，她得知秦州刺史尉洛侯、雍州刺史宜都王目辰和長安鎮將陳提等人貪汙不法時，立即派人調查他們的罪行。在弄清楚他們的犯罪事實後，下令處決洛侯、目辰，發配陳提，然後透過孝文帝將一千多名只對小貪汙犯吹毛求疵而對大貪汙犯不管不聞的侯官全部撤換。此後，不少貪官汙吏被迫收斂起他們的罪惡手腳。

文明太后幼年時過了一段顛沛流離的生活，親眼看到平民百姓的生活是多麼淒苦。

在她臨朝聽政後，了解到平民百姓是那麼地純樸，只要誰同情他們，哪怕僅說上幾句同情的話，他們就對誰感恩戴德、頂禮膜拜。由此，文明太后經常發給貧民百姓一些實惠，對他們不同程度地表示同情。在均田過程中，她特意對老、少、殘疾人、沒有改嫁的寡婦作了頗有人情味的政策優惠。太和十一年從春到夏，整個北魏統治的地方，種植物大都枯死，又發生了瘟疫，夏種無法進行，顆粒無收，庶民活活餓死。文明太后立即召集內外大臣獻計獻策。太和三年七月己丑，文明太后命令有關單位派專人編造戶籍，分配去留名額，並通知各地三長，對前去就食的人一律贍養。同年不久，又停止製作綿綢綾羅，還把御府中十分之八的衣服珍寶、太官雜器、太僕乘具、內庫弓箭刀鈴以及一大半的外府衣物、繒布、絲紡分發給百司、工商皂隸、六鎮戍兵和興棍、寡婦、孤兒、孤獨老人、貧民和殘疾人。文明太后的一系列舉措收到了效果。

文明太后發現，長期生活在她身邊的內侍人員對她謹小慎微，膽顫心驚。她明白，這些人之所以怕她，全是她平時對他們言辭過於嚴厲的緣故。文明太后以為，自己並沒撈到什麼好處，他們內心的牢騷也是很大的，只是不敢公開發作而已。如果再讓他們整天提心吊膽，長此以往或許會讓人利用，其後果也是不堪設想的。不如對他們和顏悅色，既可以顯示自己大度，又可以讓他們成為自己的忠實走狗。此後，文明太后在她的內侍人員面前十分注意自己的言行。

太和十四年，文明太后身患重病，臥床不起。病床上，文明太后對一直守侯在她身邊的孝文帝說：「生前我始終為國家為百姓著想，沒做任何愧心事，死後也要對得起國家，對得起百姓。所以，我的喪事務必從儉辦理。」同年九月，文明太后告離人間，時年四十九歲，謚號文明太皇太后。

馮皇后馮妙蓮

孝文帝十八歲時，皇長子拓跋恂立為太子。按魏立子殺母的祖訓，太子的母親林氏當被賜死。林氏是平原人，父親金勝早年被乙渾所殺，林氏姐妹進入後宮。林氏長得很美，被孝文帝看中得幸，生拓跋恂。林氏不僅秀美動人，還很賢慧，孝文帝非常喜愛她，不願意她被賜死。孝文帝為此向馮太后求情，希望免林氏一死。

馮太后想從哥哥馮熙的女兒中選一個做皇后，因此，不想留下得寵的林氏。因為林氏一旦留下，孝文帝一定會立她為皇后。於是，馮太后堅持家法，林氏只有一死。

馮熙是太后的兄長，官居太傅。馮熙的妻子博陵長公主，是文成帝拓跋濬的姐姐。

馮熙的兒子馮誕，是孝文帝的妹婿，封駙馬都尉，又是孝文帝的伴讀。林氏處死，孝文帝很傷痛。馮誕多方勸解，太后又命馮誕轉告馮熙，將女兒好好打扮，準備入宮。

馮熙心領神會，在後花園建了一座迎恩亭。亭旁池水清澈，荷花盛開。馮熙恭請太皇太后和孝文帝賞荷遊玩，馮太后答應了。馮府張燈結綵，迎候聖駕，大廳中大擺酒筵，歌舞助興。

馮熙正室是博陵長公主，替馮熙生有兩個兒子、一個女兒。長子馮誕，次子馮修，女兒馮媛。馮誕的妻子是孝文帝的妹妹樂安公主。馮熙還有側室常氏，生有兩個美麗的女兒，長女馮妙蓮，次女馮姍。博陵長公主死後，常氏主持家務，馮熙視這三個女兒為掌上明珠。

酒筵進行中，馮熙的三個女兒先後為太后、皇上敬酒。正室所生的女兒馮媛先敬，馮媛這一年十三歲，按北方閨女的打扮，梳平頭，略加采飾，上身穿的是一件高領窄袖的紫綢短襖，嫻靜可愛。馮媛之後，是常氏的兩個女兒進酒。

常氏是南方人，知道太后和孝文帝喜歡南朝的文雅，也知道太后這次攜皇上赴宴的意義，特地將兩個女兒細細打扮。長女馮妙蓮時年十七歲，次女馮姍十六歲，兩人都是頭挽南朝貴族女子的飛雲髻，斜插細珠的鳳釵步搖，身穿粉綢衫，外罩紫妙帶，加之兩人正值妙齡，窈窕風韻，身形修長，配上一雙水靈靈的大眼睛，因之愈加顯得楚楚動人。

兩姐妹移著蓮步，雙雙跪拜，奉上美酒。孝文帝簡直看呆了。這南朝仕女的高雅、風韻真是與眾不同，果然令人耳目一新。太后禁不住稱讚說：「一雙妞兒。」孝文帝也讚歎：「好一對姐妹花。」隨之接過酒，一飲而盡。

馮太后想立馮媛為皇后，但馮媛年歲太小，得再等幾年。因為皇上喜歡馮氏的這兩個女兒，太后便決定先把馮妙蓮、馮姍送入後宮。孝文帝很寵愛馮氏姐妹，兩人很快被封為貴人，尤其是馮妙蓮最得寵。馮妙蓮聰明伶俐，善解人意，會梳南朝髮髻，而且花樣百出，漸漸獨得愛幸，寵冠後宮。

馮姍喜好文學，陶醉在夢境般的想像之中。她長得小巧玲瓏，雖然楚楚動人，但過於含蓄，不解男女風情。馮妙蓮與她截然不同，工於心謀，善察言觀色，言談舉止均有分寸，恰到好處。馮妙蓮發現孝文帝愛吃鵝掌，又特別喜愛文章、音樂，妙蓮便在這些方面下功夫。她讓母親常氏挑選了四個女侍，學習歌舞技藝和絲竹音樂，自己還精研鵝掌的烹調方法，能做一手美味絕倫的鵝掌菜。

四個女侍很快就能歌善舞，精於絲竹音樂。妙蓮姐妹很要好，雅好文學的馮姍還給她們一人取了一個雅緻的名字，即四香：蘭香、惠香、逸香、琴香。等一切就緒，工於心計的妙蓮就約妹妹馮姍在居處擺設酒筵，請孝文帝赴宴品嚐。孝文帝吃著美味的鵝掌，讚不絕口，又在美酒佳餚的品嚐中，欣賞著迷人的南朝絲竹，那種愉悅，簡直是無法形容。孝文帝流連忘返了。

孝文帝便問這四個舞女的歌舞是從哪裡學來的，怎麼和宮裡的不一樣。妙蓮說，是從南陽王劉昶那裡學來的。劉昶是南朝宋文帝的兒子，因劉子業即位後殘殺宗室，劉昶怕被殺，便北逃降魏，魏封他為南陽王。劉昶是在南朝的皇宮中長大的，長於南朝的音樂、飲食、犬馬。魏室的許多貴族因此很敬重他。

孝文帝又問鵝掌如此美味，是誰調弄的。妙蓮說是自己指導御廚做的。孝文帝問四個女侍何來這樣雅緻的名字。馮姍忙說，是自己想出來的。孝文帝便對這姐妹倆更是愛憐不已。妙蓮乘機請孝文帝給她們姐妹一個評價。孝文帝笑笑，細看兩姐妹各具風韻，便說馮姍是「媚而不佻，靜而不滯」，說馮妙蓮是「風韻自饒，嫵媚豔麗」。

馮氏姐妹在宮中過著幸福愉快的生活。不幸三年後，災難降臨了，馮姍懷上了龍子，但是因難產而死去；妙蓮患了絕症，咯血不止，臥床不起。眼看著兩姐妹入選皇后的希望破滅，太后也很傷感，孝文帝還依舊念著舊情，去看望妙蓮。但太后嚴禁孝文帝留宿。常氏遍找名醫，為女兒治病，但一切都是白費。

這個時候，宮中轟動了起來，說是來了一位絕世的高麗美人。美人的父親叫高揚，是北海人，落籍高麗，因高麗內亂而全家遷移龍城。高揚有三個女兒，次女年十四歲，長身玉立，冰肌玉骨，堪稱絕色，美得傾國傾城，龍城太守發現以後，不敢隱瞞，覺得應獻給皇帝。於是，就專表報送朝廷，北部院使命護送京城，送呈太皇太后。馮太后見後，也是讚不絕口，就送給了孝文帝。

孝文帝有新寵，自然就疏於走動。妙蓮無限傷感，憂思日積，病勢更加加重。太后覺得這樣不好，便命妙蓮回家，在家廟中為尼，靜心修養。妙蓮於是揮淚灑別，回到家中。

馮太后死了。天性至孝的孝文帝形銷骨立，五天酌漿不入，並堅持三年服喪，禁絕灑色肉食。服喪三年以後，孝文帝恢復正常，一切遵禮行事。太尉元丕等大臣先後進奏，說中宮未建，後宮無主，請冊立皇后，孝文帝便遵馮太后生前的選擇，以馮熙的女兒馮媛為皇后，馮媛於是被迎入後宮，正位宮闈。

馮媛這一年十八歲，性情穩重，知書達禮，心胸開闊，能容其他受寵的嬪妃，後宮中一時相安無事，嬪妃們對她也極敬重。然而，劫後餘生的馮妙蓮一來，宮中就又失去平靜了，而且天翻地覆。

孝文帝一直仰慕中原文化，馮太后一死，他便可以自己作主，大展宏圖。他力排眾議，以中原周、漢、魏、晉曾定都洛陽，下令遷都，自平城遷都洛陽；又鑒於中原文化博大精深，下令禁止胡服胡音，一準中原衣著和中原正音。太和十九年，洛陽京城營建完成，孝文帝下令舉國南遷，後宮也一同南移。

洛陽新建的太廟也完成了。孝文帝要親到平城，迎列祖列宗神主，移祀洛陽太廟。太師馮熙此時仍居平城，臥病在床。皇后馮媛又不能離開新都，孝文帝便答應一到平城，一定去馮府看望馮熙，馮妙蓮復出的機會就這樣來了，這是唯一的一次機會，馮妙蓮極為巧妙地把握住了。

馮妙蓮因病回家以後，在家中帶髮修行，調治疾病。母親常氏依舊到處訪求名醫。終於，請到了一位專治疑難雜症、藥到病除的神醫高羅漢，人稱高菩薩。高菩薩替妙蓮治病，真的藥到病除，不久，便完全康復。高菩薩正值盛年，三十來歲，生得健壯，儀容俊偉。妙蓮這一年二十五歲，因病治好了，心懷感激，又長期孤守空房，難耐長夜寂寞，於是，治病看病的時日，眉來眼去，病一好，兩人就熱火朝天地淫通起來。高菩薩精於醫道，善長媚術，有許多春香春藥，弄得妙蓮迷醉不已，竟至不能自拔。

孝文帝要來馮府了。痊癒的妙蓮想著回到皇宮，便暫時中止了與高菩薩的私通，全心全意地迎候聖駕。妙蓮又故伎重演，求父親將孝文帝留下，在迎恩亭大廳設盛宴款待，自己親自下廚，燒製一盤美味的鵝掌。孝文帝吃著菜，睹物思人，便親臨佛堂，前去看視她。

一切如妙蓮所料。佛堂打掃得纖塵不染，南海進貢的檀香裊裊升騰，配著花木清香，室內顯得幽雅素靜，如同仙境。妙蓮梳著一抹道士髻，身穿天青色長衫，腰繫寶藍道士帶，素雅聖潔，儼然一位仙子。孝文帝大為震動，想不到多日不見的妙蓮，竟這般的風姿綽約，清雅脫俗，纖塵不染。於是，過不多久，妙蓮便被重新接回後宮。妙蓮長於風情，又在高菩薩那裡學了許多的媚術，很快便讓孝文帝為之心動，封左昭儀，地位僅次於皇后。妙蓮和皇后是同父異母姐妹，但她知道，比她小的皇后根本看不起她，因她不是嫡出，出身微賤，然而，妙蓮覺得自己年長，又先於皇后入宮，此時又封昭儀，並不比皇后差。這樣，每月朔望規定的嬪御參拜皇后，妙蓮總是稱病不去。為此，皇后有些惱火。

皇后是自己的勁敵，高麗來的那位絕世美人又是一個勁敵。面對這兩個勁敵，妙蓮便大施媚術，迷惑孝文帝。她將麝香精製的細粒放入肚臍眼中，一點兒也看不見，通體奇香，而且長期不散，稱為肌香丸。她對皇上說，自己病後，脫了一層皮，於是脫胎換骨，遍體奇香。孝文帝哪知底細，他被香氣所誘，愛慾大增，每夜快樂得不能自拔。從此以後，妙蓮又一次獨享專房，寵冠後宮。

馮妙蓮恃寵而驕，常常詆毀皇后，試圖取而代之。不久，馮妙蓮又成功了，馮媛皇后被廢為庶人，收回皇后璽綬。馮媛「貞謹有德操，遂為練行尼，後終於瑤光佛寺」。

與此同一年，太子拓跋恂十五歲，因肥胖怕熱，竟趁孝文帝不在京城，想逃回平城避暑，被守卒所阻。孝文帝大為震怒，親自鞭笞，下旨廢為庶人，改立高夫人所生的拓跋恪為太子。拓跋恪十三歲，馮昭儀派人在汲郡共縣將高夫人害死，自請撫養皇太子，她又一次成功。

太和二十一年，齊、魏軍在南陽交火，孝文帝統兵二十萬進軍新野。馮昭儀立為皇后，正位中宮。孝文帝不帶后妃南征。

馮皇后統領六宮，一切事務由她作主。孝文帝在南陽征戰一年有餘，馮皇后水性慣了，哪裡熬受得住？於是，她祕密地將以前曾與她私通的高菩薩弄到後宮，兩人又一次淫通起來。日復一日，高菩薩出入宮禁，都由皇后的心腹中常侍雙蒙負責，一切都是暗中進行。後來，有消息說，孝文帝在南陽病重。馮皇后於是無所顧忌了，公然與高菩薩淫樂起來。

孝文帝的幼妹是彭城公主。公主嫁南陽王劉昶為婦，此時寡居。馮皇后有個同母弟馮夙想娶彭城公主為妻，馮皇后奏報孝文帝，得到了孝文帝的許可，馮皇后於是命公主改嫁。公主知道馮皇后的淫亂，不願意嫁給她的小弟。馮皇后選定婚期，施壓逼嫁，因此，逼出了一段變故：「婚有日矣。公主密與侍婢及家僮十餘人，乘輕車，冒霖雨，赴懸瓠奉謁高祖，自陳本意，因言後與菩薩亂狀。高祖聞而駭愕，未之全信而祕匿之。」高祖即孝文帝。

孝文帝見妹妹不召而來，如此進奏，當然大為駭愕，不敢完全相信。當時，孝文帝的二弟彭城王拓跋勰侍疾左右，他是公主的同母兄，也不敢相信，提醒公主不能感情用事，要據實稟報。公主就請孝文帝派人詳察。

馮皇后探知公主南奔懸瓠，去見孝文帝，知道凶多吉少，大為驚懼。她一面讓高菩薩儘快離開皇宮，一面每天派人到懸瓠問疾，探聽消息。孝文帝不動聲色，遣心腹祕密察訪，又照舊像沒事一樣賞賜皇后的來使。不久，孝文帝突然回到洛陽，祕密尋問小黃門蘇興壽。蘇興壽如實稟報，全部說出皇后私通的情節。孝文帝便拘拿高菩薩和雙蒙，在含溫室親審馮皇后。馮皇后還請過女巫詛咒孝文帝早死，沒想到孝文帝卻在這裡審訊自己。一切穢行具實。

孝文帝很悲痛，對彭城王、北海王說：「馮家女不能復相廢逐，且使在宮中空坐，有心乃能自死，汝等勿謂吾猶有情也。」馮皇后不想自殺。孝文帝也不強迫，馮皇后仍在宮中位居皇后，眾嬪妃依舊朔望拜謁。孝文帝再次南征，太和二十三年北返，行至魯山駕崩，享年三十三歲。臨死時，孝文帝對彭城王拓跋勰說：「後宮久乖陰德，自絕於天。若不早為之所，恐成漢末故事。吾死之後，可賜自盡別宮，葬以后禮，庶掩馮門之大過。」孝文帝死，梓宮達魯陽，頒行遺詔。北海王拓跋洋奉宣遺旨，長秋卿白整奉上藥酒。馮皇后大呼大叫，拔腿就跑，堅決不喝。北海王強令執行，馮皇后乃「含椒而盡」，殯以後禮，謚幽皇后，葬長陵。

二、魏晉南北朝皇妃

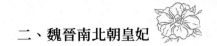

三、隋唐皇妃

獨孤皇后

弘農華陰人楊忠，是北周的開國功臣，官拜大將軍，是北周的八柱國之一。楊忠的長子楊堅，生得一表人才，而且相貌奇偉：「為人龍頷，額上有玉柱入頂，目光外射，有文在手似王，長上短下，沉深嚴重。」雲中人獨孤信是北周的另一位開國功臣，也是八柱國之一，官拜大都督、大司馬，授河內公。獨孤信有七個女兒，幼女十四歲，待字閨中。獨孤信見楊堅生有奇表，經過細心考察，便將幼女嫁給了楊堅。

楊堅娶了獨孤氏後，兩人感情很好。《隋書．后妃傳》稱：「高祖（楊堅）與后相得，誓無異生之子。后初亦柔順恭孝，不失婦道。后姐為周明帝后，長女為周宣帝后，貴戚之盛，莫師與為比，而后每謙卑自守，世以為賢。」獨孤氏不僅如上所載，大姐嫁北周明帝宇文毓為皇后，長女嫁周宣帝為皇后，而且她的四姐還嫁給了李昞，即是唐開國皇帝李淵的母親，唐太宗李世民的祖母。獨孤氏一門歷北周、隋、唐三朝為外戚，尊榮顯貴無比。因而《北周書》的作者驚呼「自古以來，未之有也！」再說北周宣帝宇文贇死後，小御正劉昉和內史上大夫鄭譯矯詔，以楊堅知中外兵馬事，輔佐年僅八歲的周靜帝宇文闡。楊堅總攬朝政，朝野洶洶，御正中大夫顏之儀知道遺詔有假，堅決不從，相州總管尉遲迥與其侄青州總管尉遲勤領十四州之眾反對楊堅。魏、趙數十萬人也與楊堅所在的長安相對抗。楊堅鎮靜自若，大膽地革除宣帝的暴政，與民休息，收籠人心，又節略條律，制訂《刑書要制》頒行，併力行節儉，令朝臣敬服。禮送千金公主和親，解除了困擾王朝的北患。同時，召趙、越、陳、代、滕五王入京，以防生變。

京城穩固以後，楊堅委上柱國韋孝寬為行軍元帥，發關中兵討伐尉遲迥。尉遲迥兵敗自殺。半年後，楊堅白相國進爵為王。在大定元年二月，靜帝下詔禪位，楊堅建隋代周，建都長安，為隋文帝。獨孤氏立為皇后。史載周宣帝崩，楊堅居禁中，總百揆，獨孤氏派人告訴楊堅：「大事已然，騎獸之勢，必不得下，勉之！」楊堅於是更堅定了廢周自立。

楊堅建隋以後，突厥依舊與中國交市。市易中，突厥有一篋明珠，價值八百萬，幽州總管陰壽想買下送給獨孤皇后。獨孤皇后卻回絕說：「非我所需也。當今戎狄屢寇，將士罷勞，未若以八百萬分賞有功者。」百僚無不進表稱賀，朝野稱善，文帝楊堅也寵愛之餘，不禁由衷敬畏。

楊堅每次臨朝，獨孤氏總是與楊堅「方輦而進，至閣乃止，使宦官伺上，政有所失，隨則匡諫，多所弘益。候上退朝，而同反燕寢，相顧欣然」。獨孤氏如此地送楊堅上朝、退朝，關心朝政得失，賢明、敏銳地匡輔失誤，且多所弘益，這真是古今罕有，也可看出獨孤氏的獨特之處。

獨孤氏很早就失去了雙親，對於親情常懷感慕：「見公卿有父母者，每為致禮焉。」有司奏：「以《周禮》百官之妻，命於王后，憲章在昔，請依古制。」后曰：「以婦人與政，或從此漸，不可開其源也。」獨孤皇后不許。獨孤皇后不僅自己以身作則，嚴格要求，還常告誡各位公主：「周家公主，類無婦德，失禮於舅姑，離薄入骨肉，此不順事，爾等當戒之。」大都督崔長仁，「后之中外兄弟也，犯法當斬」，楊堅顧念獨孤皇后，想赦其無罪，獨孤皇后知道以後，鄭重地對文帝楊堅說：「國家之事，焉可顧私！」請楊堅對之依法行事。於是崔長仁依律坐罪處死，獨孤皇后的異母弟獨孤陀，「以貓鬼巫蠱，咒詛於後，坐當死。」皇后三天不進飲食，替獨孤陀請命說：「陀若蠹政害民者，妾不敢言。今坐為妾身，敢請其命。」獨孤陀因此減死罪一等，免於一死。獨孤皇后每與楊堅談及政事，往往所見相同，楊堅很欣慰，也很驚訝。宮中人等因此稱楊堅和獨孤皇后為二聖。

獨孤皇后不僅聖明敏銳，而且頗為仁愛。每次聽到大理寺秋決死囚，未嘗不傷感落淚。獨孤皇后對治政得失不苟且，對性命關天不苟且，同樣，對於情和愛也毫不苟且。

因此，歷史上能做皇上唯一妻子的聖明、仁愛的獨孤皇后，在情場上便興起了一場場風波，弄得血雨腥風，而每一場風波又都是以她的勝利告終。獨孤皇后因此在歷史上成為一位有名的悍妒之婦，其悍妒之名又遠遠蓋過了她的仁愛之名。

獨孤皇后在夫婦問題上很敏感，主張一夫一妻。由於獨孤皇后在這一點上私心頗重，不容她人沾恩，後宮的大批女子便只能在厚沉沉的宮牆中怨天尤人，終日難得見到皇上一面，即便見到也難得承幸。獨孤皇后獨享著皇上的雨露恩愛，好在蒼天有眼，她一連替楊堅生了五個兒子。不然的話，楊氏龍脈一斷，皇朝就有後繼無人之憂了——這種情況下，朝野臣民起碼就不答應。

獨孤氏堅持終身一夫一妻相守，對於皇帝或大臣納妾，極為厭惡。她母儀天下以後，正位中宮，一方面讓皇帝保證不納妾，一方面力圖製造一種朝野人人不納妾的外圍環境，讓皇上不感到很委曲。獨孤皇后聽說某位大臣妻室死了，又納妾，妾又生子，皇后便讓文帝責罰降黜大臣。諸王中有妾懷孕的，皇后也要勸文帝加以喝斥。獨孤皇后所犯的一個重大的歷史錯誤，是促使文帝廢太子楊勇，而立導致隋王朝滅亡的二子楊廣。

獨孤皇后替文帝楊堅生了五個兒子：長子楊勇、次子楊廣、三子楊俊、四子楊秀、五子楊涼。文帝為此很得意，曾自得地對近侍們說：「朕別無姬侍，五子同母，可謂真兄弟。不若前代帝王，內寵多，兄弟間互相忿諍。亡國之道，莫此為甚。」長子楊勇，小名阿發，天性寬厚，不善心計，因自小到大生長在深宮，不免有點率意任性。次子楊廣麼，長得儀表堂堂，相貌英偉，且善於察言觀色，深藏心機。楊堅臨大位以後，獨孤氏立為皇后，長子楊勇立為太子，次子楊廣封為晉王。獨孤皇后在五個兒子中，最喜歡楊廣。楊廣不僅長得俊偉，還好學習，天性敏意，能詩能文，加之儀表莊重，很得朝野的矚目，文帝也很倚重。楊廣不僅能文，還長於武事。開皇八年十月，楊堅興兵，委楊廣為行軍元帥統軍南下，大舉伐陳。陳滅亡。楊廣殺陳亂政的五佞臣，以謝江南百姓；文書圖籍，封存府庫，資財一無所取。楊廣因此賢名遠播，朝野稱道不絕。

太子楊勇奢侈、好色，漸漸失寵。楊廣卻不同，禮賢朝士，敬接文人，大臣中想成就一番事業者，皆傾心與楊廣相結。文帝每次派左右宣召楊廣，楊廣總是不論貴賤，迎門接引，好生款待，臨走再送上重禮。尤其是皇后的左右，更為禮敬有加。因此文帝、皇后的左右，無不甚稱其仁，交口讚譽。有一次觀獵，遇上大雨，左右進雨衣，楊廣卻說：「卒士皆露溼，我獨衣此乎！」楊廣聲名日著的同時，太子楊勇則江河日下，而且最要命的是，他因好色竟衝撞獨孤皇后，從而導致了一場王朝悲劇。楊勇的太子妃元氏，是前朝元魏的皇族，金枝玉葉，門第高貴。獨孤氏很是喜歡元氏。但元氏在美人成堆的後宮中，算不上美麗，自然就不會為好色的楊勇所寵愛，楊勇寵愛的是另一位沉魚落雁的美姬雲氏。雲氏出身低賤，卻美麗聰慧無比。獨孤皇后為此常斥責太子，要太子禮敬、愛護元氏，疏遠雲氏。太子表面上答應，不過是敷衍而已。可是愛又不是能夠強求的，元氏只有傷心落淚。

過不多久，元氏突然暴病身亡了。而幾乎與此同時，雲氏又生下了一個兒子，即是文帝楊堅的嫡長孫。文帝為此很高興，可是獨孤皇后則大不以為然，而且還懷疑是太子楊勇殺死了元氏。獨孤皇后對太子寵愛美妾由厭惡而生恨，認為做皇帝的老子尚別無姬妾，身為太子的卻如此貪戀女色，日後如何能夠成就大事？皇后就派人偵伺太子的行蹤，將其不當的言行經常轉奏楊堅，說這兒子不堪重用。楊勇生來又率性慣了，不注意檢點，有兩件事情讓楊堅也厭惡起來。於是，太子的被廢就成了一種必然。

一次是大閱的時候，太子楊勇奉命參加這次文帝主持的大典。楊勇的鎧甲上，裝飾了金珠彩玉。楊堅崇尚節儉，太子的如此行為，當然引起了楊堅的憤怒，便當眾斥責了太子。

冬至節是宮中的重要節日。這年冬至到了，太子宮中張燈結綵，朝廷百官魚貫而入，拜賀太子。太子坐在高高的椅子上，在東宮鄭重其事地接受百官的賀禮跪拜，儼然是一朝天子。場面宏大，景象十分壯觀。文帝楊堅依然還在，並主持著朝政，聽到東宮的這般賀拜，文帝的心境自然可想而知。文帝又愛猜忌，覺著朝臣對自己的冷落便意味著至高皇權的轉移，太子取代皇帝之位只不過是個時間的早晚而已。文帝哪裡受得了這個？這江山社稷還是得自己說了算的！文帝惱羞成怒。第二天，朝堂上百官依序排列。文帝冷冷地責問眾臣：「聽說昨日滿朝公卿，都去東宮朝賀，這是什麼禮節？」百官一時間都傻眼了。這不是公開了皇帝與太子之間的爭權嗎？這不就意味著將有一場殘酷的或明或暗的血腥爭鬥？百官們面面相覷，不知所措。太常少卿辛亶素有急智，見問隨即出班答道：「於東宮是賀，不得言朝。」文帝冷笑道：「改節稱賀，正可三數十人，逐情各去，何因有司徵召，一時普集，太子法服設樂以待之？東宮如此，殊乖禮制。」百官受到了文帝的斥責，文帝鄭重地下詔：「禮有等差，君臣不雜。愛自近代，聖教漸虧。俯仰逐情報，因循成俗，皇太子雖居上嗣，義兼臣子，而諸方岳牧，正冬朝賀，任土作貢，別上東宮。事非典則，宜悉停斷。」百官們一身虛汗，誠惶誠恐。自此以後，文帝對太子的恩寵始衰，漸生疑阻。

文帝吩咐選宗衛侍官，以入上臺宿衛，而且盡取精強力壯者。大臣高熲進奏說：「若盡取強者，恐東宮宿衛太劣。」文帝作色說道：「我有時行動，宿衛須得雄毅。太子毓德東宮，左右何須強武？此極敝法，甚非我意。如我商量，恆於交番之日，分向東宮上下，團伍不別，豈非好事？我熟見前代，公不須仍踵舊風。」文帝之所以如此措詞嚴厲，是因為高熲與太子楊勇是親家。高熲的兒子，娶楊勇的女兒，文帝覺其私下有鬼。

太子楊勇江河日下。次子晉王楊廣知道有機可乘，便行動起來。太子好色，宮中多內寵，獨孤皇后很厭惡這個，尤其是見不得太子冷遇正配元氏，而寵昭訓雲氏。晉王楊廣就「彌自矯飾，姬妾膽備員數，唯共蕭妃居處」。獨孤皇后知道這些以後，「由是薄勇，愈稱晉王德行。其後晉王來朝，車馬侍從，皆為儉素，敬接朝臣，禮極卑屈，聲名籍甚。冠於諸王」。

南朝陳被滅，揚州須派一重臣前去鎮守。文帝在獨孤皇后的影響下，也由信任到倚重晉王楊廣。於是，文帝任楊廣為揚州總管，坐鎮南方。楊廣臨行前，到後宮辭別獨孤皇后，濃情地說道：「臣鎮守有限，方違顏色，臣子之戀，實結於心。一辭階闥，無由侍奉，拜見之期，杳然末日。」說罷已是哽咽流涕，伏不能起。

獨孤皇后見次子如此動情，也傷感地說道：「汝在方鎮，我又年老，今者之別，有切常離。」說著，也是濟然淚下，母子相對欷歔。晉王楊廣適時地說道：「臣性愚下，常守平生昆弟之意。不知何罪。失愛東宮，恆蓄盛怒，欲加屠陷。每恐讒譖生於投杼，鴆毒遇於杯勺，是用勤憂積念，懼履危亡。」獨孤皇后聞言盛怒，忿然說道：「地伐（楊勇字）漸不可耐。我為伊索得元家女，望隆基業，竟不聞作夫妻，專寵阿雲，使有如許豚犬。前新婦本無病痛，忽爾暴亡，遣人投藥，致此夭逝。事已如是，我亦不能窮治，何因復於汝處發如此意？我在尚爾，我死後，當魚肉汝乎？每思東宮竟無正嫡，至尊千秋萬歲之後，遣汝等兄弟向阿雲兒前拜問訊，此是幾許大苦痛邪！」晉王再拜，嗚咽不能止。皇后也是悲不自勝。太子的廢黜此時已經形成定局。

楊廣知道了皇后的意思，就和心腹張街定策，遣褒公宇文述深交越國公楊素的弟弟楊約，讓楊約轉告楊素皇后的意思。楊素大驚失色，瞿然地說道：「但不知皇后如何？必如所言，吾又何為者！」幾天以後，楊素入內侍宴，微稱晉王孝悌恭儉，有類至尊。楊素以此試試皇后，看是什麼意思，想不到皇后聽後流著淚說：「公言是也。我兒大孝順，每聞至尊及我遣內使到，必迎於境首，言及違離，未嘗不泣。又其新婦亦大可憐。我使婢去，常與之同寢共食。豈若地伐共阿雲相對而坐，終日酣宴，昵近小人、疑阻骨肉。我所以益憐阿（楊廣小名）者，常恐暗地殺之。」楊素知道了皇后的心意，就勢大談太子不才，讚譽晉王。皇后於是贈送楊素黃金。廢黜太子便已開始。

太子得訊後，心中憂懼，又苦於無計。太子召擅長占候的新豐人王輔賢人東宮占候。王輔賢說：「白虹貫東宮門，太白襲月，皇太子廢退之象也。」以銅鐵五兵造諸厭勝，又在後園內作庶人村，屋宇卑陋，太子時於內中寢息，布衣草褥，冀以避災。文帝派楊素察看。楊素稱「太子媒孽，構成其罪」。不久，文帝下詔，太子楊勇及其男女為王、公主者，一併廢為庶人。兩個月後，次子、晉王楊廣立為太子。

兩年以後，獨孤皇后死去。她至死還認為，自己替楊氏王朝選定了一個理想的接班人。朝野群臣也認為楊廣不錯。然而，隋王朝二世而沒，就是沒於隋煬帝楊廣。

獨孤皇后在太子的廢黜上，起因於太子冷落元配而寵愛美妾。同樣，獨孤皇后也不能容忍皇上在她之外而另有所愛。文帝楊堅也曾為此立過誓言，絕不納妾。可是，楊堅立誓是做皇帝以前的事，做了皇帝以後，天下女子都為他所有，情況就有所不同。後宮的殿前花下，到處都是如花似玉、楚楚動人的妙齡女子，在這種情形下讓皇帝目不斜視，恐怕做不到，而且也會憋得受不了，隨著承平日久，皇后芳容漸去，文帝越雷池的念頭日漸強烈，待見到了尉遲氏，便再也按捺不住。

文帝是在仁壽宮中見到美豔照人、沉魚落雁的尉遲氏的。尉遲氏是尉遲迥的孫女。尉遲迥兵敗以後，眷屬沒入官府為奴。尉遲氏年輕美貌，嬌弱動人，比起中年的獨孤皇后，尉遲氏自然迷人嫵媚得多。文帝便迷上了這個少女，常在皇后午休的時候，在內書房與她溫存。不久，皇后知道了此事，大興問罪之師。皇后不能處置文帝，只有泄憤於尉遲氏。皇后趁文帝上朝之時，派人殺了尉遲氏，並命人在文帝退朝以後，送上一個盒子。文帝問盒子裡是什麼，皇后命人打開，文帝一見之下，臉色陡變，盒內竟是尉遲氏血淋淋的人頭！

文帝怒不可遏，可是又不能對皇后如何。文帝一氣之下，大跑而出，從廄中拉出一匹馬，瘋癲癲地縱馬奔出皇宮，一下子奔突二十餘里，闖入了一座山谷。大臣高熲、楊素得報以後，怕出意外，急忙緊追其後，在山谷停下來，兩人扣馬苦諫，勸慰皇上。文帝長嘆道：「吾貴為天子，而不得自由！」高熲勸慰說：「陛下豈以一婦人而輕天下！」文帝怒意稍解，駐馬良久，到中夜方始回皇宮。皇后俟候在閣內，見皇上次來，流涕拜謝。高熲、楊素在一旁和解。文帝：「置酒極歡，后自此意頗衰折」。

仁壽二年八月甲子，月暈四重。己巳，太白犯軒轅。當夜，獨孤皇后死於永安宮，時年五十歲。文帝開始縱情女色，寵幸宣華夫人陳氏、容華夫人蔡氏。由於過度沉溺，文帝漸漸身體不支。文帝病重時，想到了獨孤皇后的好處，便對侍者說：「使皇后在，吾不及此。」文帝懷念起了獨孤皇后在世時的清心寡慾的日子，但為時已晚了。

蕭皇后

梁武帝的曾孫、梁簡文帝蕭綱的孫子蕭巋，在梁滅亡後投奔北周，封為梁王，都於江陵，生下了女兒蕭氏——她便是後來隋煬帝的正配蕭皇后。江陵地處江南，從北周至隋，一直是以附庸偏安一隅的小王國。當時當地有個風俗，認為女生二月，命運一定不好。偏偏蕭氏剛好生於二月。於是，蕭巋毫不猶豫，第二天便將蕭氏送給了沒有子女的遠房親戚蕭岌撫養。

蕭氏八歲的時候，十分疼愛她的養父、養母相繼去世，蕭氏轉而寄養於母舅張軻家中。張軻家境貧寒，生活十分淒苦。蕭氏已經出落得花容月貌，溫柔嫻靜，見到她的人無不稱讚。

隋煬帝楊廣當時還是晉王，文帝楊堅準備為晉王在梁地選一位王妃，可是，偏偏梁地所選美女，均為不吉。這對講求占候吉凶的隋王室來說不能通融。蕭巋早聽說自己的女兒已出落得羞花閉月，出於僥倖，便於張軻家迎回蕭氏，送使者占驗。結果，所占為吉，人皆大喜。經過細細審核驗視，蕭氏最後被立為王妃。

唐魏徵說，蕭后「性婉順，有智識，好學，解屬文，頗知占候」。文帝楊堅很喜歡她。晉王楊廣也對她深為寵敬，楊廣即位以後，頒布詔書：「朕祇承丕緒，憲章在昔，愛建長秋，用承饗薦。妃蕭氏，夙稟成訓，婦道克修，宜正位軒闈，式弘柔教，可立為皇后。」蕭氏由王妃立為皇后，其間已經過了二十年與晉王美滿幸福的夫妻生活。她替晉王生下了兩個兒子，她立為皇后以後，兒子楊昭便被立為太子。此時的蕭氏儀容、姿質已臻於成熟。然而進入中年，又是二十年的老夫老妻，因此，對於盛年入主帝位的楊廣來說，皇后已不能引起他的太多興趣；皇后不過是個主管後宮的主人而已，要尋歡作樂，只能去找別的美女。

而且，即位以後的楊廣，已經不是那個儀容俊美、才思敏捷、善解人意、謙遜禮讓、體貼入微的晉王了。他性喜漁色，好大喜功，講求享樂，此時漸漸暴露無遺。楊廣用心用計迎合文帝及母后廢掉太子楊勇，立他為太子以後，一直還是保持著進退有節。直至文帝病重，他終於按捺不住自己的貪戀美色，竟在文帝的病榻前，非禮文帝的寵妃宣華夫人。

楊廣垂涎宣華夫人已非一日。文帝病，宣華夫人奉詔侍疾。宣華夫人陳氏是陳宣帝的女兒，天性聰慧，容貌無雙。陳滅以後被選入掖庭，在後宮為嬪。獨孤皇后悍妒，後宮無容得幸，唯獨容許陳氏偶爾見寵。楊廣為晉王時，早就有奪宗之計。他想引陳氏為內助，因此時時進貢致禮。他進金蛇、金駝等奇珍異寶，賣歡取媚於陳氏。皇太子楊勇被廢，陳氏也頗為用力，使晉王遂意。獨孤皇后過世，陳氏進為貴人，「專房擅寵，主斷內事，六宮莫與為比」。文帝楊堅大漸，遺詔拜陳氏為宣華夫人。

文帝躺在仁壽宮，病體沉疴，令宣華夫人和太子楊廣侍應。平旦時，宣華夫人出室更衣，太子楊廣尾隨其後，逼與非禮。宣華夫人拒而得免，匆匆奔回宮室。躺在病榻的文帝見狀，問其出了什麼事，何故神色慌亂。宣華夫人在逼問之下，潸然落淚，說「太子無禮」。文帝如五雷轟頂，塊然罵道：「畜生何足付大事，獨孤氏誤我！」文帝這才醒悟，獨孤皇后所力主選定的太子楊廣原來是個孽子，然而，一切都為時已晚了。文帝立召兵部尚書柳述、黃門侍郎元岩，叫道「召我兒！」柳述等將召太子。文帝大急，喊道「勇也！」即準備召廢太子楊勇付託大事。

柳述、元岩出去後寫好詔書，告知左僕射楊素。楊素力廢楊勇而立晉王楊廣為太子，此時便立即報告太子楊廣。楊廣遣張衡等入衛寢殿，合宣華夫人及後宮侍疾人等通通出就別室，不一會兒，文帝駕崩，楊廣祕不發喪，隨即入主大位。楊廣發動政變時，還思念著宣華夫人。唐魏徵有如下記述：

俄聞上崩，而未發喪也。夫人與諸後宮相顧曰：事變矣！皆色動股慄。晡後，太子遣使者貽金合子，貼紙於際，親署封字，以賜夫人。夫人見之惶懼，以為鴆毒，不敢發。使者促之，於是乃發，見合中有同心結數枚。諸宮人咸悅，相謂曰：得免死矣！陳氏恚而卻坐，不肯致謝。諸宮人共逼之，乃拜使者。其夜，太子蒸焉。乃煬帝嗣位之後，出居仙都宮。尋召入，歲餘而終，時年二十九。帝深悼之，為制〈神傷賦〉。

楊廣在其父皇楊堅暴崩的當夜即逼淫他父皇的愛妃宣華夫人。同樣，其父皇楊堅的另一位愛妃容華夫人也被他逼淫。楊廣即位以後，更是無所顧忌，為所欲為，極盡享樂。大業元年，他每年徵召二百萬人營建東都。發大江之南、五嶺以北的奇珍異石，輸於東都洛陽。往往二千人拖一木，日行三十里，一木之費常在數十萬以上。他營造顯仁宮，南接皂漳，北跨洛濱。並蒐羅嘉禾奇草，珍禽異獸，充實御苑。西苑周長二百里，內中有海十里，海上建蓬萊、方丈、瀛洲三神山。苑內臺觀殿閣窮極奢麗。又發數十萬人北築長城，廣辟馳道。大業元年發河南、淮北諸郡民工百萬餘人開通運河，建造龍舟。即位後，四出巡遊，隨行的樓船彩舟達數千只，挽船兵士即達八萬餘眾，耗資無數。他還役工匠十餘萬，造輿儀服，下令州縣送羽毛備用，飛禽走獸為之一空。他還集四方雜技於京都。舍利獸跳躍奔突，激水滿衢，黿鼉龜鱉遍地，鯨魚噴霧，神鰲負山，幻人吐火……可謂奇技紛呈，通宵達旦地尋歡作樂。

楊廣還請嵩山道士煉丹，派人求不死之藥，又極盡淫慾。正史稱楊廣荒淫無道，給他的謚號是煬帝。張守節《謚法解》稱，「好內遠禮曰煬」。有關楊廣好內貪色，恣意淫樂的記載，見於唐無名氏的《迷樓記》和唐顏師古的《大業拾遺記》。書中稱楊廣命侍從特製一種僅可睡臥一人的狹窄車廂，楊廣在這車廂裡專用於奸汙搜來的處女。楊廣在與美女性交時，還在臥榻四周特地設置一面面磨光的銅鏡，用以自我觀賞。他起居的堂上掛滿了各種男女性交的圖畫，以便朝夕觀摩學習。

楊廣如此荒唐淫樂，蕭皇后無能為力，頂多從旁勸說。但楊廣根本不聽，依然我行我素。不過，楊廣對於蕭皇后一直是很敬重的。每次遊幸，楊廣總要蕭皇后侍駕隨行。蕭皇后見楊廣日益失德，無可挽回，又不敢直言，於是，寫了一篇〈述志賦〉用以自寄，排遣憂悶：

承積善之餘慶，備箕帚於皇庭。
恐修名之不立，將負累於先靈。
迺夙夜而匪懈，實寅懼於玄冥。
雖自強而不息，亮愚矇之所滯。
思竭節於天衢，才追心而弗逮。

實庸薄之多幸，荷隆寵之嘉惠。
賴天高而地厚，屬王道之昇平。
均二儀之覆載，與日月而齊明。
乃春生而夏長，等品物而同榮。
願立志於恭儉，私自兢於誡盈。
孰有念於知足，苟無希於濫名。
唯至德之弘深，情不邇於聲色。
感懷舊之餘恩，求故劍於宸極。
叨不世之殊盼，謬非才而奉職。
何寵祿之逾分，撫胸襟而未識。
雖沐浴於恩光，內慚惶而累息。
顧微躬之寡昧，思令淑之良難。
實不遑於啟處，將何情而自安！
若臨深而履薄，心顫慄其如寒。
夫居高而必危，慮處滿而防溢。
知恣誇之非道，乃攝生於沖謐。
嗟寵辱之易驚，尚無為而抱一。

蕭皇后

履謙光而守志，且願安乎容膝。
珠簾玉箔之奇，金屋瑤臺之美。
雖時俗之崇麗，蓋吾人之所鄙。
愧之不工，豈絲竹之喧耳。
知道德之可尊，明善惡之由已。
蕩囂煩之俗慮，乃伏膺於經史。
綜箴誡以訓心，觀女圖而作軌。
遵古賢之令範，冀福祿之能綏。
時循躬而三省，覺今是而昨非。
嗤黃老之損思，信為善之可歸。
慕周姒之遺風，美虞妃之聖則。
仰先哲之高才，貴至人之休德。
質菲薄而難蹤，心恬愉而去惑。
乃平生之耿介，實禮義之所遵。
雖生知之不敏，庶積行以成仁。
懼達人之蓋寡，謂何求而自陳。
誠素志之難寫，同絕筆於獲麟。

《述志賦》的主旨是臨深履薄，居安思危。蕭后的目的是為了規諫，勸導楊廣有所收斂。誰知楊廣讀過賦後，一笑了之，大不以為然。楊廣覺得，人生苦短，若不及時行樂又待何時？堯舜如何？桀紂又如何？還不是到頭來同樣歸命於黃泉！蕭后感到絕望了，楊廣根本不會被改變，蕭后乾脆就不再說什麼，做一個旁觀者，僥倖盼著皇朝不至於二世就覆滅。

文帝楊堅統一天下以後，群雄剪滅，四境悅服，只有北部突厥部落游牧奔突，稱雄塞外，時不時地南下騷擾。文帝使用和親政策，將宗室的女兒，號稱義成公主，下嫁突厥啟明可汗。自此以後，北境平靜。煬帝楊廣卻好大喜功，忽然想去塞外揚威。他下詔命黃河以北州郡農民伕數十萬，鑿通太行山，修築一條寬闊的大道直達太原。大道修好以後，楊廣便率皇后以下後宮嬪妃、文武百官，領甲兵五十餘萬，戰馬十餘萬匹，聲勢浩蕩地過太原，經雁門，踏馬邑，直抵勝州。

楊廣啟程之前，先飛信傳曉突厥的啟明可汗。長孫晟領旨前去北塞飛報。啟明可汗懾於隋朝的強大，接信後立即率義成公主和眾位酋長趕到勝州行宮，朝見楊廣，並敬獻良馬三千。楊廣洋洋得意，為了誇耀富足，當即命匠作監宇文愷做一頂可容數千人的特大帳篷。帳篷很快做好了，內飾各色錦繡，金銀玉玩琳瑯滿目。帳篷外布列著精兵強將，甲冑爭輝。楊廣在帳篷內大擺筵席，宴請啟明可汗和眾位酋長。宴上山珍海味，應有盡有，還有美酒佳人，一片歌舞昇平，真正盛況空前。啟明可汗和酋長們真是大開眼界了，一個個心悅誠服。匍匐而前，給楊廣敬酒。楊廣躊躕滿志，賞賜彩帛二十萬段。大宴以後，蕭皇后又親去啟明可汗的營帳，看望義成公主，兩人結下了很深的情誼。

大業十一年，楊廣又率皇后以下嬪妃和三萬精兵親臨北境巡邊，想看看突厥啟明可汗死後，他的兒子始畢可汗究竟如何。不料，始畢可汗領精騎十萬，一舉將楊廣一行團團圍困在雁門。眾寡不敵，眼看就要成為階下囚。楊廣耀武揚威的勇氣全消，只是抱著幼子趙王楊杲失聲痛哭。蕭皇后很鎮靜，奏准守城、殺敵有功者重賞。蕭皇后的弟弟任職內史詩郎蕭瑀奏請派一密使，請已納為始畢可汗可賀敬（夫人）的義成公主想法解圍。後來，義成公主果然使楊廣一行脫險。然而楊廣脫險以後，重賞不予兌現，只有極少幾人得獎。而退敵有功的蕭瑀、樊子蓋等，不僅沒予獎賞，反而以直言敢諫被逐出京師。自此以後，人心渙散，朝政江河日下，王朝一步步走向深淵。

楊廣到江都恣意行樂，一入迷樓，竟不分晝夜，經月不出。狼煙四起，義兵此起彼伏。李淵占據長安，山東有竇建德，晉北有劉武周。李密攻陷洛口，幾座貯藏千餘萬石糧食的官倉被打開，散發飢民，天下民心歸附，兵勢強盛，洛陽震動。楊廣下令在丹陽預造丹陽宮，一旦都城或陪都告急，便坐守丹陽宮。可是，隨行大臣和官兵，大多家人留在洛陽或關中，如果皇上坐守丹陽，無異於將一應的家小都奉獻盜賊，這樣永無歸期，誰能忍受？於是，禁衛軍司馬德戡暗中策動，聯絡近侍斐虔通等，共推宇文化及為首，準備殺死帝后，一舉西返長安。

叛行漸漸顯眼。一位宮女得訊以後，慌忙稟告蕭皇后。蕭后想了想，讓宮女直接報告給楊廣。楊廣聽完奏報，竟說宮女造謠惑眾，吩咐將她斬首。白此以後，再也沒有人前去奏報。楊廣荒淫益甚，終日酒不離口，從姬千餘人也常常大醉。史載稱，楊廣「見天下危亂而擾擾不自安。退朝則幅巾短衣，策杖步遊，遍歷臺館，非夜不止，汲汲顧景，唯恐不足。又引鏡自照，日好頭頸，誰當斫之！」後來，又有宮人奏報蕭皇后：「宿衛者往往偶語謀反。」蕭皇后已經絕望，無奈地說：「天下事一朝至此，勢已然，無可救也。何用言之，徒令帝憂煩耳。」大業十四年三月，右屯衛將軍宇文化及發動兵變。煬帝楊廣被縊死，幼子趙王楊杲被殺。蕭皇后等亂兵走後，見皇帝、皇子死得如此慘狀，不禁失聲痛哭。然後，她吩咐宮人，將床板拆下，做成兩口棺材，將楊廣父子收殮，埋入西苑花圈。

楊廣一死，宇文化及便命殺盡楊廣的子孫，只留文帝的第三個兒子楊俊之子秦王楊浩。隨後，宇文化及召集百官，假稱奉蕭皇后之命，立秦王為帝，他自任丞相，總攬朝政。宇文化及挾持蕭皇后等西歸洛陽。走到徐州，水路不通。宇文化及命令將美女、財寶裝在車上，由士兵背負兵器糧草。士兵不勝怨憤，陰謀另立司馬德戡。宇文化及先發制人，殺司馬德戡和斐虔通，兵士逃亡過半。西去的道路又為李密所阻，宇文化及勢單力孤，只好北走河北大名。隨即，宇文化及乾脆鴆殺楊浩，自己稱帝，建國許。

楊廣被弒，蕭皇后被挾持，消息不脛而走。義成公主發誓要替楊廣、蕭皇后報仇，便要求始畢可汗派使面見占據河北的竇建德，要他殺死宇文化及。竇建德敵不過突厥，只好遵命，發兵圍攻，宇文化及兵敗被俘。竇建德殺盡宇文氏全家，將宇文化及首級呈送突厥，義成公主為楊廣發喪致哀，又派使迎蕭皇后北上。史載說「突厥處羅可汗遣使迎后於洛州。建德不敢留，遂入於虜庭。大唐貞觀四年，破滅突厥，乃以禮致之，歸於京師」。

隋朝兩位皇后功過如何？唐魏徵有選樣的評價：「二后，帝未登庸，早儷宸極，恩隆好合，始終不渝。文獻（獨孤皇后）德異鳩，心非均一，擅寵移嫡，傾覆宗社，惜哉！書曰牝雞之晨，唯家之索。高祖之不能孰睦九族，抑有由矣。蕭后初歸藩邸，有輔佐君子之心。煬帝得不以道，便謂人無忠信。父子之間，尚懷猜阻，夫婦之際，其何有焉！暨乎國破家亡，竄身無地，飄流異域，良足悲矣！」

竇皇后

大唐的開國皇帝是李淵、李世民父子。他們仗義疏財，遍結豪士，歷來被認為是亂世建功立業的英雄，常為後人所稱道。然而，李淵、李世民貪戀女色，起兵竟因女色而發起，這實在鮮為人知。史書有如下記載：

高祖（李淵）留守太原，與晉陽宮副監裴寂有舊，時加親禮，每延之宴，語間以博弈，至於通宵連日，情忘厭倦。時太宗（李世民）將燴義師，而不敢發言。見寂為高祖所厚，乃出私錢數百萬，陰結龍山令南斌廉，與寂博戲，漸以輸之。寂得錢既多，大喜，每日從太宗游，見其歡甚，以情告之，寂即許諾。又以晉陽宮人，私侍高祖。高祖從寂飲酒酣，寂白狀曰：二郎密纘兵馬，欲舉義旗，正為寂以宮人奉公，恐事及誅，急為此耳。今天下大亂，城門之外，皆是盜賊。若守小節，旦夕死亡。若舉義兵，必得天位。眾情已協，公意如何？高祖曰：我兒誠有此計，既已定矣，可從之。

李淵、李世民都好色，起兵竟用的是美人計。起兵以後，裴寂又進美人五百，米九萬斛，雜彩五萬段，甲四十萬領，供李淵父子受用，李唐的江山就是這樣奠定的。李淵、李世民父子雖然在女色上沒法讓人稱道，但他們兩人正位宮闈的皇后卻是出類拔萃的。

李淵的皇后是京兆平陵人竇氏。父親竇毅在後周任上柱國，母親是周武帝的姐姐襄陽長公主。入隋以後，竇毅為定州總管、神武公。竇氏出生的時候，史稱髮垂過頸，三歲時頭髮便與身等。竇氏漸漸長大，讀書識字，愛讀《女誡》、《列女傳》等，過目不忘，周武帝很疼愛竇氏，將她養在後宮，寵愛過於其他外甥。

竇氏很敏銳，常有過人的見地，還極重親情。史載說：「時突厥女為后，無寵，后密諫曰：吾國未靖，虜且強，願抑情撫接，以取合從，則江南、關東不吾梗。武帝嘉納。及崩，哀毀同所生。聞隋高祖受禪，自投床下，曰：恨我非男子，不能救舅家禍！毅遽掩其口，曰『毋妄言，赤吾族！』竇氏如此義形於色，如此痛恨朝代更迭，後來如何又做了李淵的皇后？隋帝受禪即位，大局已定，群雄一一剪滅，四海臣服。在這種情形下，竇氏一個窈窕弱女又能如何？竇氏又到了出閣的年齡，求婚者絡繹不絕，竇毅便說：「此女有奇相，見識不凡，何可妄與人？」遂在屏風間畫兩只孔雀，讓求婚者每人射兩箭，射中孔雀眼睛的方可成婚。求婚者被一一淘汰，達數十人之多，最後輪到唐高祖李淵，兩箭竟各中一目！於是，英雄配美人，竇氏便自認是命，甘心嫁給了李淵。

當時，元貞太后羸老有疾，但卻天性嚴厲，諸姒娣都很敬畏，沒人敢去侍疾。竇氏侍奉太后，獨慎謹盡孝，時或盈月不釋衣履。竇氏做得盡善盡美，宮中上下人等無不欽佩。

竇氏還工於篇章規誡，文有雅體，還善於書法，模仿李淵的字跡幾可亂真，人不能辨別。

竇氏的政治見識在嫁給李淵以後，又得驗證和發揮。當時，李淵在煬帝手下，愛畜善馬。竇氏見到以後，便對李淵說：「上性樂此，盍以獻？徒留之速罪，無益也。」李淵不聽。不久，李淵果然坐譴。「帝（李淵）后見隋政亂，多妄誅殛，乃為安計，數奏鷹犬異駒。煬帝果喜，擢位將軍。」李淵經歷這些以後，便流著淚對諸子說：「早用而母言，得此久矣！」竇氏替李淵生有四個兒子：長子建成，次子世民，三子元霸，四子無吉。竇氏生前沒有封為皇后，因為李淵還一直在煬帝的手下。大業年間，她便撒手塵世，死於涿郡，年僅四十五歲。李淵得天下以後，詔竇氏所葬的園地為壽安陵，謚穆。後祔獻陵，尊為太穆皇后。

竇氏在生下的四個兒子中，最寵愛的是次子李世民。李世民生下就有二龍之符，呼稱「后於諸子中愛視最篤」。二龍之符的帝象也許是史臣的牽強，但竇氏對李世民愛視最篤恐怕符合事實。因為，李世民玄武門兵變，殺死長兄建成和四弟元吉以後，逼父皇李淵禪位，做了大唐的第二任皇帝。有一次，李世民路過慶善宮，睹物思人，想起了母親竇氏，便覽觀梗欷，顧侍臣曰：「朕生於此，今母后永違，育我之德不可報。」因號慟，左右皆流涕。李世民乃享后於正寢。又一日，李世民幸九成宮，夢中看見了母親，和活著時一樣。夢醒以後，李世民潸然淚下。第二天，李世民詔有司大發倉糧，賑濟貧瘠，以報竇氏之德。上元中，謚竇氏太穆神皇后。由此可見他們母子情深。

長孫皇后

李世民的皇后是洛陽人長孫氏，是魏拓跋氏的後裔。長孫氏的先人曾任宗室長，因號長孫，此後便為姓。其高祖長孫稚為大丞相、馮翊王。曾祖長孫裕為平原公。祖父長孫兕為左將軍。父親長孫晟字秀，博涉書史，鷙曉兵，為隋右驍衛將軍。長孫氏可謂官宦世家。

長孫氏喜好讀書，尤愛圖傳，引古往今來的善惡以自鑒，矜尚禮法。長孫晟的哥哥長孫熾是周時的通道館學士，聽說竇氏曾勸撫突厥女，心中感嘆，常對長孫晟說：「此明睿人，必有奇子，不可以不圖婚。」於是，長孫晟將女兒嫁給了李世民。

據史書說，長孫氏有吉人異象，「后歸寧，舅高士廉妾見大馬二丈立後舍外，懼，占之，遇坤之泰。卜者曰：坤順承天，載物無疆；馬，地類也；之泰，是天地交而萬物通也；又以輔相天地之宜。繇協歸妹，婦人事也。女外尊位，履中而居順，后妃象也。

時隱太子釁鬩已構，后內盡孝事高祖，謹承諸妃，消釋嫌猜。及帝授甲宮中，后親尉勉，士皆感奮。尋為皇太子妃，俄為皇后」。

長孫氏天性儉約，日用器服取給則止。她喜歡讀書，不論寒暑佳節也不少廢。在後宮中與李世民會談，從不過問朝廷政務。即便李世民問她，她也拒絕回答，辭謝說「牝雞司晨，家之窮也，可乎？」再問，就乾脆不答。後宮中有人坐罪，長孫氏「必助帝怒請繩沼，俟意解，徐為開治，終不令有冤」。長孫氏還心胸開闊，不與宮人爭寵。下嬪生豫章公主不幸夭折，她視如親人，多方撫慰。即便媵侍宮女患病，她也常常輟所御飲藥資之。宮中上下都懷感其仁。

長孫氏的父親是長孫晟，母親是隋揚州刺史高敬德女。長孫氏的哥哥長孫無忌，與太宗李世民是布衣之交，以佐命為元功，可以自由出入臥內，李世民擬引以輔政。長孫氏知道以後，堅決不同意。乘間告訴李世民：「委託體紫宮，尊貴已極，不願私親更據權於朝。漢之呂、霍，可以為戒。」李世民不聽，堅持委長孫無忌為尚書僕射。「后密諭令牢讓，帝不獲已，乃聽。后喜見顏間。」長孫氏的異母兄弟長孫安業，為人無行。曾父喪，竟逐長孫氏和長孫無忌還外家。長孫氏立為皇后，不計前嫌，長孫安業擢位將軍。後來，長孫安業與李孝常等謀反，獲罪將誅。長孫皇后叩頭謝罪說：「安業罪死無赦。然向遇妾不以慈善知之；今論如法，人必謂妾釋憾於兄，無乃為帝累乎！」於是減罪流放越嶲。太子承乾乳媼請增東宮什器，長孫氏說：「太子患無德與名，器何請為？」貞觀八年，長孫氏從太宗李世民遊幸九成宮，染疾危輟。這時，適聞柴紹等宮中急變。李世民披甲而起，長孫氏也輿疾以從。宮司上前諫止，長孫氏回答說：「上震驚，吾可自安？」病勢趨重。太子承乾奏請大赦，訊度道人，祓塞災會。長孫氏說：「死生有命，非人力所支。若修福可延，吾不為惡；使善無效，我尚何求？且赦令，國中大事，佛、老異方教耳，皆上所不為，豈宜以吾亂天下法？」太子不敢以此進奏，轉而告知大臣房玄齡。房玄齡轉奏太宗，太宗嗟嘆稱美。群臣又奏請大赦，以替皇后去災。太宗准許。長孫氏力爭不可。

貞觀十年，長孫皇后病情加重，奄奄一息，與太宗訣別，說道：「玄齡久事陛下，預奇計祕謀，非大故，願勿置也。妾家以恩津進，無德而祿，易以取禍，無屬樞柄，以外戚奉朝請足矣！妾生無益於時，死不可以厚葬，願因山為壟，無起墳，無用棺槨，器以瓦木，約費選終，是妾不見忘也。」長孫氏生前不參與朝政，臨終前卻顧念重臣，關心政務，還請求太宗納忠容諫，勿受讒言，省遊畋作役，說只有如此，她才能死而無恨。這年六月，長孫氏崩於立政殿，時年三十六歲。

長孫皇后留給後世並為歷代所稱道的，是她採古代婦人事跡著成的《女則》十篇，並論斥漢代馬後不能檢抑外家，使與政事，戒車馬之侈，從而成禍。書中開本源，恤來事，多所忠戒。長孫氏生前告戒宮人，說寫此書「吾以自檢，故書無條理，勿令至尊見之」。到長孫氏過世，宮司奉書以聞。太宗為之哀慟，示近臣說，「後此書可用垂後，我豈不通天命而割情乎！顧內失吾良佐，哀不可已已！」謚文德，葬昭陵，因九峻山，以成後志。太宗親自著表序始末，揭於陵左。上元中，益謚文德聖皇后。

武則天

生當富貴

貞觀四年，曾做過隋朝資官令和唐初火井令而後隱居民間的星象家四川成都人袁天綱，來到利州武都督家。武都督即武士彠，並州文水人，貞觀元年十二月被派往利州出任都督，職責主要是掃除前任都督義安郡王李孝常陰謀叛亂被誅以後的餘黨。袁天綱是星相家，極善看相。袁天綱先看都督夫人楊氏，說：「夫人骨法，必生貴子。」武都督便把兩個兒子元慶、元爽叫出來。袁天綱一看就說：「此二子皆保家之主，官可至三品。」

都督又把女兒、後為韓國夫人的武則天的姐姐叫出來。袁天綱說：「此女當大貴，然不利其夫。」到這時，都督武士彠、楊氏和袁天綱都有點兒迷惑，楊氏骨相上不是當生貴子麼？怎麼只是這些？想必還有什麼？這個時候，乳母走出來，懷中抱著一個孩子，穿著男孩的衣服。袁天綱舉目一看，心中一緊，忙說：「此郎君，神色爽澈，不可易知，試令行看？」乳母放下孩子，讓他行步床前。袁天綱一看之下，不禁大驚，說：「此郎君，龍睛鳳頸，貴人之極也！」再轉身觀視，更加驚詫，「必若是女，實不可窺測，後當為天下之主矣！」這孩子便是武則天。

後世流傳有〈李淳風袁大綱推背圖〉。其中，關於武則天的圖讖如下：

日月當空，照臨天下。
撲朔迷離，不文亦武。
參遍空王色相空，一朝重入帝王宮。
遺枝拔盡根猶在，喔喔晨鳩孰是誰？

其中暗示武則天當為天下之主。不善詩文，卻以武幸。並說以後剪除李氏子孫，但留有根脈，還會復生。這部〈推背圖〉的許多圖讖是被歷史所驗證的。但問題是，這是李淳風或袁天綱抑或兩人合作的原作？還是後人假借他們的名字而造出的贗品？這些暫不去理會。不過，袁天綱知識淵博，預知未來，確實在當時是聲震朝野，神乎其神的。他在九成宮拜見太宗時，替許多大臣看過相，無一不驗證。太宗的寵臣高士廉當堂問他，想做何官？他說，他不能做官，他的命當在當年四月將盡。百官無不驚駭。果然，袁天綱於當年四月故世。

再說武則天，她似乎真是聖人之資，一出生便攪得天地不寧。貞觀初年，民間流傳一本祕記，內稱「唐三世之後，女主武王，代有天下！」這本祕記暗中流播，被京城太史局採集，不久，便報告給太宗李世民。李世民君臨天下，文才武略，不可一世。可是，李世民聽到這個祕記的奏報，不禁大為驚駭，惶惶不安。李世民是信奉這個的。他四歲時，曾有一位相士到岐州李家，替他看相，說他「龍鳳之姿，天日之表，年將二十，必能濟世安民」！為此，李淵替他取名叫李世民。如今，竟說有女主武王，代有天下，這不能不叫他大為緊張。可事實上，這女主武王武則天，正是因太宗而發跡的，歷唐三世之後，進而得有天下的！

入宮受逐

貞觀十年，長孫皇后去世。十三年，太宗頒詔，「內職有闕，選良家有才行者充」。十四年，才名遠播的湖州女才子徐惠入宮，選為才人。十五年，太宗聽說武士彠的女兒很美，便召入後宮。這年武氏年十四歲。後宮美女如雲，武氏入宮，美豔處沒有什麼特別。太宗得知她叫武明空，覺得名字不好，便賜名武媚，此後就沒再理會。武媚便派充侍女尚農。

武媚有膽有識，工於心計。她十四歲臨入宮前，母親楊氏慟哭悲泣，與她相別，她卻從容自如，說道：「見天子庸知非福，何兒女悲乎？」母親驚詫不已。入宮以後，武媚的心機與膽識，在三物降烈馬一事中表現無遺，她也因此聞名宮中，著於青史。此事史書有這樣出記載：「昔太宗有馬肥逸，無人能馭。武為宮女，進言曰妾能制之，然須三物：一鐵鞭，二鐵撾，三匕首。鞭之不服貝撾其首，撾之不服則斷其喉。」武媚非凡的膽識，引起了太宗的注意，隨即召幸，封為才人。才人是後宮中三夫人、九嬪以下二十七世婦中品級最低的一類，職在「掌敘燕寢理絲枲以歲獻功」。封為才人以後，一冷就是幾年，太宗沒再理會她。太宗自識甚高，英明神武，不可一世，他喜歡的女人自然不會是豪爽、勇武一類。他喜歡儒雅、文弱的女子，喜歡溫情似水、柔婉嬌媚一類。

因此，才女徐惠擅寵，武氏充其量就賜名武媚。不過，三物降服烈馬一事，引起了另一個人的注意，他便是身心文弱的太子李治。李治是在太子李承乾謀反被廢以後立為太子的，因為文弱，因而對同齡的武媚由崇敬而著迷。

貞觀二十二年夏天，太白星晝見。太宗李世民找來太史令李淳風，問這是何象。李淳風答說：「女主昌。」一直對「女主武王」耿耿於懷的李世民又緊張起來，惶惑地說：「祕記所云，信有之乎？」李淳風答道：「臣據名勝推算，其兆已成。然其人已生在陛下宮中。從今以後，不過三十年，當有天下，誅殺唐氏子孫殆盡！」李世民一身冷汗，恨恨地說：「疑似者，盡殺之，如何？」李淳風答：「天之所命，必無禳避之理。王者不死，徒多殺恐枉及無辜。且據上象，今已成，復在宮內，已是陛下眷屬。更三十年，又當衰老，老則仁慈，雖受終易姓，其於陛下子孫，或不甚損。今若殺之，即為復生少壯。嚴重毒殺之，立仇若如此，即殺戮陛下子孫，必無遺類矣！」李世民善之而止。

李世民當然不會善罷甘休。可是，又不能疑似者全殺，那就殺得太多了。那殺誰呢？左武衛將軍李君羨，是武安人，排行為五，小名五娘，討伐過劉武周，封武連縣公，守衛玄武門。這一大溜，犯武字諱真是太多了！太宗認準他是所謂的女主武王，便先把他貶謫華州刺史，隨即令御史條奏，稱他陰謀造反，當即把他殺掉。這是一點題外話。

貞觀二十三年五月，太宗李世民病逝，享年五十一歲。太子李治即位，為唐第三代皇帝唐高宗。按照宮中慣例，新皇即位，先皇后宮中除四夫人、九嬪以外，其下的二十七世婦、八十一御女一體送往感業寺為尼。於是，一大隊宮嬪美女，穿著黑色的喪服，踏上了通往感業寺的道路。她們一個個垂頭喪氣，為自己淒淒的命運悲哀，因為，她們走向的是沒有一線希望的活墳墓。武媚也置身在這黑色的隊列之中，時年僅僅二十一歲，青春正茂。她的心中也是一片蕭瑟，萬般沉重。

秋色籠罩了長安。感業寺渾厚沉重的鐘聲在古城中迴蕩。落葉蕭蕭。女尼們靜坐在寺中，心如死水，生命在無邊的寂寞中已漸漸麻木。只有武媚是個例外，她滿懷幽怨，人在感業寺中，心卻時不時地飛往太宗別廟。

感業寺地處長安縣城朱雀門外西大街第四坊，即安業坊東南角。此處原為隋申國公李穆的別墅，李穆死後，其妻將此地改普修善僧寺。西二街第四坊是崇德坊，有濟度尼寺。為濟度太宗的婦御為尼，唐室將崇德坊的濟度尼寺遷往修善僧寺，而將原濟度尼寺改稱太宗別廟，原來的修善僧寺自此就被取消。崇德坊在西、安業坊在東，兩坊左右為鄰，中間是一條南北向的長街。高宗李治上香太宗別廟，一定會順道去感業寺，看望武媚娘。這便是她的一線希望。

借勢回宮

永徽元年五月，太宗的週年忌。高宗李治到太宗別廟上香。然後，李治果然駕臨感業寺，與先皇太宗才人武媚娘相擁而泣。這一慕感人的場面很快傳遍京師。高宗王皇后知道得更快，也更為詳細。王皇后滿懷酸楚，但同時又心中暗喜，生出一計：「何不利用武媚娘來打擊正得寵爭位的蕭淑妃呢？」王皇后是並州祁地人，是魏尚書左僕射王思政的孫女，出身於名門望族。王家與李唐皇室世代姻親，唐高祖李淵的妹妹同安公主嫁王家任隋州刺史的王裕，王皇后是同安公主的孫女。史稱「從祖母同安長公主以後（王皇后）婉淑，白太宗以為晉王妃」。就是說，同安公主看到美貌、聰明的王氏可愛，便告訴侄兒李世民，收納王氏為晉王李治的王妃。晉王李治繼太子李承乾為太子以後，王氏就升為太子妃，生活在東宮。

東宮的內官有妃、良娣、寶林三級，還有諸多宮女。貞觀十七年李治做了太子，王氏為太子妃，受到李治的寵愛。同時，宮人劉氏、鄭氏、楊氏等也時見愛幸。貞觀十七年，生燕王李忠。次年，鄭氏生原王李孝。再次年，楊氏生澤王李上金。太子妃王氏一直沒有生育，心中不免有些緊張。但可幸的是，劉氏、鄭氏、楊氏三人都是宮人，沒有什麼名號。最讓王氏心驚的是，貞觀二十二年，蕭良娣生下了許王李素節。良娣僅在太子妃之下，蕭氏又明豔美麗，皇子極聰明可人。最要命的是，劉、鄭、楊三人並不得寵，而蕭良娣一躍而為僅次於皇后的蕭淑妃。這樣，擁有貴子的美豔動人的蕭淑妃便成了王皇后的最大威脅，也是她一直無法排譴的一塊心病。感業寺天子與女尼相擁，無疑是情深似海，不然不會冒此天下之大不韙。果然如此，引武媚與蕭妃抗衡，自己坐收漁利，不是於皇上、於武媚、於自己三全其美？又打擊了蕭妃？

王皇后的如意算盤打得心滿意足，然而事實上，最後最稱意的是武媚，而最慘最失意的是王皇后。蕭淑妃也是慘不忍睹，死於非命，宗族悉流。就在高宗與武媚相擁而泣的幾天以後，武媚只在感業寺呆了十個月，便被王皇后神祕地接回宮中。李治得訊後大喜，寵幸武媚，日夜求歡，寵冠後宮。蕭淑妃只有傷心落淚。

武媚回宮以後，對王皇后萬分感激，但不過是權宜之計。史書記載說：「才人有權數，詭變不窮，始，下辭降體事後，后喜，數譽於帝。故進為昭儀。」武媚下辭降體於王皇后，事奉恭謹，知道王皇后可被利用，於她有所求。天性憨厚的王皇后哪裡曉其中道理，不僅不加防範，反而多方讚譽，使她輕易地進封昭儀。蕭淑妃是被壓下去了，可是王皇后卻不知道，她避開了一條狼，卻引進了一隻虎，最後她只能是自食其果。

后位之爭

武媚封昭儀時已替李治生下了兩個兒子。一個是皇五子李弘，生於永徽三年。一個是皇六子李賢，生於永徽五年。李賢生下以後，她便被封為昭儀。昭儀是九嬪中的第一位，在後宮中僅次於皇后、貴妃。當時，只有皇后，因而武昭儀便居於第二位。當武媚繼續受寵、兩位皇子繞膝嬉戲時，王皇后這才驚醒過來：蕭淑妃已經完全打下去了，沒有什麼威脅，真正要命的威脅是來自令皇上迷戀的武昭儀。王皇后於是又和蕭淑妃結成了聯盟。

然而，王皇后、蕭淑妃哪裡是武昭儀的對手？武昭儀雖然年輕，但在太宗的後宮中已經歷了八年的磨練，目睹了後宮的一切，結識了許多密友。加上由於太宗獨寵女詩人才子李惠，逼使武氏苦修經史，明了了許多歷史故事。這樣，一個太宗時代的才人，有如許的種種經歷，怎麼會不比生長在太子宮中的王氏、蕭氏老練得多？也厲害得多？

王皇后認為是她使武氏改變命運的，因而，武氏理當要感恩戴德，在她面前俯首貼耳。武氏為此也曾有一陣心力交瘁，為自己何去何從而心力交瘁，不勝痛苦。常言「滴水之恩，當湧泉相報」，王皇后這恩德似海，又該如何才能報答呢？但可怕的事實是，自己在宮中受寵，危機四伏，一旦發生一點微小的變故，便會性命堪虞。自己如何才能鞏固地位、確保恩寵？唯一之途便是取皇后之位而代之，進而立自己的兒子為太子！武昭儀顧不了報恩報德的那一套了，她只想著無毒不丈夫，只想著婦人之仁成就不了大事。而高宗李治天性仁厚，極少主見，易受他人影響和操縱，這是可以好好利用的。

高宗對武昭儀寵愛不衰，並恩及武氏家族。他封武氏死去的父親為太原郡公，母親楊氏為太原郡君，並在長安城內賜給府邸一區，供武氏一家受用，其他人等也一一授予官職。武昭儀一方面用媚術繼續迷惑李治，使他不能自拔，一方面暗結宮中上下人等，密察王、蕭兩人的行動，並巧妙地將王、蕭兩人對她的怨憤以至謾罵告訴李治。於是，高宗李治漸漸對王皇后不滿。

不久，武氏生下了一個女兒、女兒長得白胖美麗，極得李治的喜愛。這個時候朝野已差不多都知道，王皇后的被廢勢在必然，只是遲早而已，而武氏弄死自己的女兒嫁罪於王皇后，便使王皇后被廢成為現實。這一場由後宮波及朝廷，牽涉後宮后族、嬪妃、宮女和朝廷眾多重臣的重大變故，真是血雨腥風、觸目驚心，而這一切又都是武昭儀從容不迫地一手導演的。她是這場惡鬥中的唯一受益者和勝利者。

廢黜王皇后是由王皇后的母親柳氏引發的。柳氏目睹著武氏擅寵、皇后受到冷落，便從旁幫助女兒，用厭勝術詛咒武媚。行厭勝術是宮中的大忌。武昭議及時偵知這一情況，果斷地奏報高宗。於是，柳氏被逐出後宮，不許再來；中書令柳爽被貶為榮州刺史。這樣，王皇后被廢而立武昭儀為皇后便甚囂塵上，朝廷因此而分為兩派。

一派是朝廷元老，反對廢掉王皇后而立武昭儀。他們是以朝廷元老重臣長孫無忌、褚遂良、于志寧、來濟、裴行儉等為代表，並得門閥大族的全力支持，史稱關隴集團，維護正宗的李唐王朝。一派是新興的寒門才俊，痛恨等級森嚴的門閥勢力，支持勇武無畏的武昭儀立為皇后，他們主要以李義府、許敬宗、袁公瑜、崔義玄等為代表，遍得寒門士子的支持，史稱山東集團，渴求權力、名位的再劃分。

反對立武昭儀為皇后的朝廷元老們認為王氏為皇后如同江山交付李治一樣，是先皇的遺托，他們作為輔命大臣負有堅決維護的職責。而武昭儀曾是先皇的後宮眷屬，新皇臨幸先皇的宮人已屬過分，怎麼能將先皇的才人又堂而皇之地立為皇后呢？這是倫理所不能容。況且皇后母儀天下，沒有重大過失不能無端坐廢。另外，還有一個不能公開陳辯的理由便是太宗一直耿耿於懷的所謂祕記，「女主武王，代有天下」，而此時看來，這武王會不會就是武昭儀？重臣們知悉內幕者無不惶惶然。

贊成立武昭儀為皇后的寒門士子派，是由中書舍人王德儉而起的。王德儉揣知高宗要立武氏為皇后，便轉告李義府等，一體叩閣上表，請立武昭儀為皇后。武昭儀順勢拉攏這群血氣方剛的寒門士子，日後在武氏周圍形成了一個寒門學士集團，就是由這群人馬構成的。

兩班人馬勢均力敵，各不相讓，高宗有些為難。實際上，要廢王立武，最關鍵的是反對派的四人：太尉長孫無忌、右僕射褚遂良、侍中來濟、中書令韓瑗。於是，高宗李治和武昭儀決定試探試探，籠絡首要人物長孫無忌，看是否奏效。李治和武昭儀先到長孫無忌家看視；並送去大量的禮物、珍寶，共計十車，又封長孫無忌寵姬的三子為朝散大夫。酒酣耳熱，李治暗示，皇后沒有生子，天性不仁，為人忌，想廢后而立昭儀。長孫無忌故意顧左右而言他，不予回答。結果，自然是不歡而散。

武昭儀親手弄死女兒一幕，史家記得很清楚。「昭儀生女。后就顧弄，去。昭儀即悲涕，帝不能察，怒曰：后殺吾女，往與妃相讒媢，今又爾邪！由是昭儀得人其訾，后無以自解，而帝愈信愛，始有廢后意。久之，欲進號宸妃，侍中韓瑗、中書令來濟言：妃嬪有數，今別立號，不可。昭儀乃誣后與母厭勝帝挾前憾，實其言，將遂廢之。」長孫無忌等不想妥協。高宗李治和武昭儀騎虎難下，便只好攤牌。反武派的長安令裴行儉貶逐，擁武派的中書舍人李義府升為中書侍郎，參與朝政。李治在內殿召見長孫無忌、褚遂良、于志寧、李績四位元老。褚遂良臨行時說：「今日之召，多為中宮。上意既決，逆之必死。太尉元舅，司空功臣，不可使上有殺元舅功臣之名。遂良起於草廬，無汗馬之勞。致位至此，且受顧托，不以死爭，何以見先帝？」真是委曲求全，仁至義盡，連死也要給皇上面子。

長孫無忌、褚遂良、于志寧奉召入殿，李稱病不至。李治說：「武昭儀有子，欲立為后，何如？」褚遂良應聲回答：「皇后名家子，先帝為陛下娶之，臨崩執陛下手謂臣曰：朕佳兒佳婦，今以付卿，非有大故，不可廢也。」高宗李治半天說不出話來。先皇的遺音在耳，當然不宜當著輔臣出言不遜。

第二天，李治又召元老商談，褚遂良說：「陛下必欲易后，請擇令族，何必武氏？武氏經事先帝，眾所共知，萬代後謂陛下為如何？臣今忤陛下意，罪當死！」說著，褚遂良致笏殿階，叩頭流血說：「還陛下笏，乞放歸田裡。」這是當堂以辭官諫阻。高宗當然心頭火起，不禁勃然大怒，吩咐將他拖下去。長孫無忌趕忙進奏：「遂良先朝顧命，有罪不可加刑。」武昭儀躲在簾後恨恨地說：「何不撲殺此僚！」朝廷氣氛驟變。韓瑗立即上疏：「妲己傾殷，褒姒滅周。不用臣言，恐廟不血食。」來濟也奏：「王者立后，上法乾坤，必擇禮教名家。漢成以婢為后，卒使社稷傾淪。」保王派與保武派雙方爭辯得不可開交，精兵強將一一亮相。奇怪的是，元老派中只有李勣終一言不發，李治覺得有些蹊蹺，便召見尋問。李回答說：「此陛下家事，何必更問外人？」李治驚詫之下，立即恍然大悟。武昭儀也一時茅塞頓開，馬上吩咐許敬宗對外放話：「田舍翁多收十斛麥，尚欲易婦，況天子立一后，何預諸人事而妄生異議？」形勢急轉直下。褚遂良貶逐京師，發往潭州。接著，李治下詔，以王皇后、蕭淑妃謀行鴆毒（謀殺武昭儀女嬰，女嬰後追封為安定公主），廢為庶人。擁武派乘機紛紛上表，請求立武氏為后。於是，李治頒下詔書：

武氏……選入後庭。譽重椒闈，德光蘭掖。朕往昔在儲貳，特荷先慈，常得侍從。弗離朝夕。宮壼之內，恆臬飭躬。嬪嬙之間，未嘗忤旨。聖情鑒悉，每垂賞嘆。遂以武氏賜朕，事同政群，可立為皇后。

永徽六年十一月，高宗李治臨朝，命李、于志寧為冊立皇后正、副使，奉璽綬進武昭儀為皇后。百官群僚、四夷酋長朝賀皇后於肅義門，三呼皇后千歲。內外命婦入謁。歷史上百官、命婦朝見皇后，自此而始。次年正月，太子李忠被廢，封梁王，武氏的長子李弘被冊為太子。至此，武則天由才人而昭儀而皇后，立自己的兒子為太子，一切目的均已達到。武皇后滿足了麼？她會適可而止嗎？

武氏弄權

武則天被立為皇后以後，權位日漸鞏固。武則天青雲直上，一步登天，同時意味著與她爭寵的王氏、蕭氏命運悲苦，驟然間滑向了沒有光明的無底深淵。王皇后、蕭淑妃被廢以後，囚禁在後宮的一所密室之中。密室四面高牆，沒有門窗，只有一扇小門開了一個很小的孔，以通食器。門外有武氏派定的人看守。王氏、蕭氏困在其中，晝夜不見日月，終日只有以淚洗面，互訴悲苦。

一天，高宗李治想起了被廢的王皇后和曾經忘情恩愛的蕭妃，不知道她們情形如何，想去看看。內監引導著高宗，來到密室，見門禁嚴錮，只有一小孔進出飲食，李治不禁惻然心動，為之神傷。李治走過去，大聲說：「皇后、良娣，無恙乎？今安在？」王皇后、蕭淑妃聽見是皇上的聲音，而且就在門外，兩人喜出望外，泣不成聲，說：「妾等以罪棄為婢，安得尊稱耶？」嗚咽流涕以後，又哽咽說：「陛下幸念疇日，使妾死更生，復見日月，乞署此為回心院。」李治傷感之下，淚眼朦朧，滿口答應：「朕即有處置。」武氏立即得到了心腹的奏報，待高宗離去，馬上派人杖王皇后、蕭淑妃各一百，直打得血肉模糊。然後，吩咐將二人的手腳剁去，將她們裝在酒甕中，恨恨地說：「令二嫗骨醉！」幾天後，兩人被裝在甕中，眼睛血紅，依然沒死。武氏便逼高宗下詔賜死。行刑官奉旨來到囚室，宣讀詔書。王皇后再拜受詔說：「陛下萬年，昭儀承恩，死吾分也！」到蕭淑妃前，蕭淑妃聽詔後破口大罵：「武氏狐媚，翻覆至此！我後為貓，使武氏為鼠，吾當扼其喉以報！」武則天得報蕭妃的這些咒語，心中不免畏懼，下令六宮不許養貓。好一陣，武氏常夢見二人，披頭散髮，血淋淋地前來索命。武氏大為憎惡，請巫祝解謝，旋徙居蓬萊宮，但還是時或夢見二人。不久，便乾脆遷住洛陽，終生不回長安。為表達自己對二人的憎惡，下令改王氏為蟒氏，蕭氏為梟氏，中宗即位以後才恢復其姓。

武則天由才人而步步上升，終至為女皇帝，不是由一個個的機遇促成的，而她是抓住了每一個機遇，不屈不撓，一直前行。她不相信什麼天命，直到做了女皇帝，還不知道所謂女主武王的祕記和她自己的貴相，她只相信事在人為。大授二年，即改國號為大周。稱帝的第二年，曾於貞觀二十二年被李世民冤殺的李五娘家屬，正式向武皇帝申冤，說當年李五娘是因為應了女主武王這個讖而被太宗誤殺的，實在是替武皇帝代讖而死，死得冤枉。武則天大為奇怪，查問了這件事。女主祕記果然保存在太史令的處所，而當時和此後知道此事的也僅止太宗、李淳風和幾位老臣。民間的傳聞不過是風吹一陣，過後便再無人記起，武則天這時才相信謀事在人，成事在天了。這已有的一切，不是天意安排又是什麼？武則天立即下令為李五娘平冤：「追復其官爵，以禮改葬。」武氏做了皇后，心滿意足，並沒有想到要去干政和臨朝，要去做女皇帝，而是高興替李治生孩子。冊為皇后次年的顯慶元年生兒子李顯；後又生兒子李旦；一年後的麟德元年，生酷像她的太平公主。武則天自貞觀二年出世，到麟德元年，正好三十六歲，經歷如此多的變故，臨事如此豐富，機遇一來，她這敢做敢為的天性，自然會脫穎而出。

天順人意，高宗李治有風眩病，就是偏頭痛，見不得文書奏牘。顯慶五年秋天，蘇定方受命討伐百濟，大獲全勝，奏疏賀表成山。高宗李治的風眩病暴發，頭重，目不能視。於是，高宗將百司奏事的文牘奏疏，交給三十三歲的武皇后，由她裁奪。史稱：「后性明敏，涉獵文史，處事皆稱旨。」武則天便由後臺被推到了櫃檯，朝廷又是多事之秋了。

朝臣知道了武后用事，於是紛紛依附。武則天乘機培植心腹，外倚李義府、許敬宗，一連做了幾件驚人的大事：廢太子李忠，改立自己的兒子李弘為太子；封死去的父親武士彠為周國公，殺死王皇后的舅舅柳奭；誣長孫無忌與廢太子謀反，擬請誅殺。高宗有些猶豫，說怎能殺對自己有恩的舅父？最後，長孫無忌被減死罪一等，貶往黔州。到黔州後，武皇后派人迫令其自殺，長孫無忌就這樣不幸死去。

武后這一系列的舉動，令朝野百官無不側目，一個個望風承旨。然而，武氏心中耿耿，老是神魂不安，時或伴有惡夢。武氏便召方士郭行真入禁中，為之蠱祝。武皇后專權弄事，自然令外朝重臣極為不快，他們結成一體，竊竊私議，準備疲后另立。在武皇后三十六歲生太平公主的那一年，由侍候前太子李忠的太監王伏勝告密，稱武后召道士郭行真出入宮禁，不其厭禱。高宗得報後密令西臺侍郎上官儀查辦。上官儀指武后專恣弄權，失望海內，不可以承宗廟，應當廢。高宗早就對武氏恃寵弄權心中不滿，後來發展到高宗想有所為，常為武后所制。高宗不勝其忿，也有意廢掉武后。聽到上官儀的奏報，高宗吩咐上官儀起草廢后詔書。

千鈞一髮之際，武后的心腹宮女奔告武后。武后立即趕到大殿，面見高宗，質問這一切是為什麼。高宗羞縮，吞吞吐吐。武后無限委曲，聲淚俱下，對高宗恩威並用。高宗哪裡經得住這個？連忙為自己開脫：「是皆上官儀教我！」武后找出了禍魁，便指使許敬宗搆陷上官儀。於是，王伏勝、上官儀、李忠被殺。自此以後，武氏不敢大意，常與高宗同朝聽政，一個視事，一個垂簾於後，政無大小皆與之聞。這樣，朝廷大權盡歸中宮，高宗只是拱手聽命而已，天下稱之為大唐二聖。

關於這一段有史筆為證：

初，元舅大臣怫旨，不閱歲屠覆，道路目語。及儀見誅，則政歸房帷，天子拱手矣。群臣朝、四方奏章，皆曰二聖。每視朝，殿中垂簾，帝與后偶坐，生殺賞罰唯所命。當其忍斷，雖甚愛，不少隱也。帝晚益病風不支，天下事一付后。后乃更為太平文治事，大集諸儒內禁殿，撰定《烈女傳》、《臣軌》、《百僚新誡》、《樂書》等，大氏千餘篇。因令學士密裁可奏議，分宰朝權。

高宗李治在位三十四年，後二十年幾乎不裁政，全部交由武后裁奪。武后在三十五歲以前，替高宗生了四個兒子、一個女兒，此後便開始參與政務，醉心權術。她的女兒太平公主長得寬額豐頤，不僅相貌上像武后，連性格方面的淫穢、弄權也酷肖其母。太平公主漸漸長大，在武后弄權上是一位極好的幫手，她自己也是恃寵而驕，為所欲為。她拿的文書無論怎樣的不近情理，高宗總是一律簽署，連看都不看。於是乎，公主淫蕩風流、私授官職、賣官鬻爵，誰也不能奈何。

武后的長子太子李弘謙謹仁厚，高宗甚愛。李弘進退有止，禮接士大夫，朝野為之矚目。高宗臥病時，命李弘監國，百官稍覺寬慰。然而，權力欲日旺的武后唯我獨尊，絕不容任何人違逆旨意，侵害權位，哪怕是自己親生兒子！太子李弘對武后處置過分的事每每善言進諫，武后漸漸不喜歡。蕭淑妃的兩個女兒義陽公主、宣城公主幽囚掖庭，近四十歲不嫁。太子李弘得知後，心中不忍，便向高宗請求，嫁出這兩位異母姐姐。高宗同意，武后卻大為不快。

高宗病體不支，一旦駕崩，頗得人望的太子自然繼承皇位，臨御天下。這樣，武后只能回到後宮，不能干政。這對於權力欲極旺的武后來說，無異於一死。因此，武后想像殺死她的女兒那樣輕鬆地結束太子的小命，將親生的太子李弘鴆殺。太子李弘死，立次子雍王李賢為太子。不久，李賢又失歡於武后，廢為庶人。武后的第三子李哲被立為太子。

武后唯己唯大，有怨必報，不講什麼手足親情。武士彠先娶相裡氏，生二子元慶、元爽。又娶楊氏，生三女：長女嫁賀蘭越石，早寡，封韓國夫人；次女武則天；三女嫁郭孝慎。楊氏因武后之故，驕寵日盛，徙封榮國夫人。楊氏本是隋朝觀德親王楊雄的侄女、始安恭候楊士達的幼女，也是出自名門。然而，嫁給武士彠為元爽兄弟的繼母，情形就大為不同。尤其是武士彠死後，武氏兄弟哪裡把楊氏和她的三個女兒放在眼裡？受盡欺侮，她們只有忍氣吞聲，往肚中咽淚。

武氏平步青雲，楊氏揚眉吐氣，武家兄弟也一一撈到了高官美職：元慶為宗正少卿、元爽為少府少監、兄子唯良為司馬少卿、兄子唯運為淄州刺史。有一天，楊氏置酒宴會武氏兄弟。酒酣耳熱，楊氏對唯良說：「若等記疇日事乎？今謂何？」這是要算舊帳。唯良不知身處危境，不但不跪伏謝罪，反而說道：「幸以功臣子位朝廷，晚緣戚屬進，憂而不榮也。」楊氏大怒，諷武后偽為退位，宜請唯良籌外調，以示無私。

武氏當然明白外調意味著什麼。一幕幕舊仇浮現在眼前，武氏咬牙切齒。很快，唯良出任始州刺史，元慶出任龍州，元爽出任濠州。元爽不久死於振州。元慶知道前途無望，到龍州後憂鬱而死。韓國夫人是武后的姐姐，出入禁中，一女國殊，高宗很寵愛。韓國夫人死後，女兒封為魏國夫人，擬以備嬪職，武后不同意。武后妒忌侄女魏國夫人，恰逢封泰山，武唯良、武懷運以岳牧來集，一同從還京師。武后毒殺魏國夫人，轉而歸罪於唯良、懷運，一舉盡殺。魏國夫人死後，其子敏之入弔，高宗哀慟，敏之哭而不答。武后怒沖沖地說：「兒疑我！」於是憎惡敏之，不久，敏之貶死。至此，至親幾乎被殺盡。

武后對自己的父母則大不相同，母親楊氏徙、衛二國，咸亨元年死，追封魯國夫人，謚忠烈。詔文武九品以上百官和五等親與外命婦赴弔，以王禮葬於咸陽，給班劍、葆仗、鼓吹。天下大旱，武后上表請求避位，百官挽留。武后旋即贈已故的父親武士彠為太尉兼太子太師、太原郡王；母親楊氏魯國忠烈夫人為王妃。

太子李弘猝死合壁宮時，時人已明白是武后所為。次子雍王李賢立為太子，心中萬分憂懼。李賢為了感悟母親，作了一首黃臺瓜辭：

種瓜黃臺下，瓜熟子離離。
一摘使瓜好，再摘使瓜稀。
三摘猶為可，四摘抱蔓歸。

代唐自立

武則天為了私慾和權位，不惜四摘抱蔓歸。以符厭幻術為武則天所愛的明崇儼被殺，武后懷疑是李賢所為，便使人告李賢好色，又於東宮馬坊搜出數百甲冑。高宗想寬赦李賢，武后不同意，說：「為人子懷逆謀，天地所不容，大義滅親，何可赦也！」於是廢為庶人，旋逼自己的這位次子自殺，立雍州牧英王李哲為太子。

上元元年，武后進號天后，建議十二事，高宗一一採納。不久，高宗想下詔，遜位於武后，宰相郝處俊力諫乃止。武后鞏固權位的同時又不忘收買人心，即史家所稱「外示寬裕，劫人心使歸己」。她進奏高宗：「今群臣納半俸、百姓計口錢，以贍邊兵，恐四方妄商虛實，請一罷之。」高宗准許。群臣、百姓自然高興。

儀鳳三年，群臣、蕃夷長朝後於光順門。高宗頭眩不能視事。侍醫張文仲、秦鳴鶴說：「風上逆，砭頭血可癒。」武后怒目說：「是可斬，帝體寧刺血處邪？」侍醫頓首請命。高宗嘆氣說：「醫議疾，烏有罪？且吾眩不可堪，聽為之！」醫一再刺，高宗說：「吾目明矣！」武后應聲在簾中再拜謝，說：「天賜我師！」身負繒寶賞賜。五年後的弘道元年十二月，高宗死，太子李哲即位，為唐中宗，武后為皇太后，總攬朝政。

李哲即位以後，想以后父韋玄貞為侍中，中書令裴炎固爭。李哲大怒說：「我以天下與韋玄貞何不可！而惜侍中邪！」一個月以後，武太后廢中宗李哲，封其為廬陵王。李哲質問：「我何罪？」武太后陰冷地說：「汝欲以天下與韋玄貞，何得無罪！」於是，李哲被幽於別所。武太后第四子豫王李旦為帝，是為睿宗，居別殿，不得干預朝政。武后旋又幽禁李旦及諸子於宮中，不出門庭達十餘年。改東都為神州，立武氏七廟。諸武用事，其內侄武承嗣為中書令，總攬朝政。

這個時候，武太后已經六十歲了，但權力穩固，可以為所欲為。武太后對於色情老當益壯，且更為強烈。早在高宗晚年臥病時，盛年的武后便勾上了太醫程據，兩人長期私通。程據是武后的固定情人。後來，洛陽城中出現了一個裝瘋賣傻的人，名叫馮小寶。他偉岸淫毒，陽具奇偉，在洛陽城中傳開。高祖李淵的女兒千金公主將他迎進府第，有點兒消受不起，便討好武則天，將他送進後宮。武則天對他十分滿意，將他改名薛懷義，剃髮為僧，委為白馬寺主，自由出入宮禁。

薛懷義由一介無賴突然間昂首宮中，人人對他侍奉唯謹，完全是武則天的權力和淫慾使然。在薛懷義最得寵期間，武則天的女兒太平公主的丈夫薛紹，以父禮事奉薛懷義。武則天的至親、權傾朝野的武承嗣、武三思也對他畢恭畢敬。薛懷義的馬匹由宮中供給，派專人負責。武則天還命薛懷義指揮數萬人，建造明堂。明堂建成後，武則天封薛懷義為威衛大將軍、梁國公。

薛懷義如此自得，如此威風，朝中不少人為之垂涎欲滴，也因此知道了武則天旺盛的淫慾，從而明白了又一個討好武則天的好途徑。尚食奉御官柳模，向武則天推薦自己的兒子柳良賓，說他皮膚潔白，美鬚眉，偉岸壯碩，健壯無比。還有不少人自我推薦，武則天擇優召幸。

武則天喜新厭舊，漸漸對薛懷義愛弛。御醫沈南取薛懷義而代之，成為武后的新歡。薛懷義失寵後，滿懷怨憤，野性勃發，竟火燒明堂。武則天心中愧疚，但為了尋歡享樂，還是決意除掉薛懷義。於是，武后密詔太平公主，選一些體格健壯的女子，在殿中侍立，等薛懷義一到，便把他綁了。接著，命親信武攸寧、宗晉卿率壯士將薛懷義擊殺，然後用畚車將薛懷義的屍體載還白馬寺。

武則天又廣求美男子，恣意淫樂。晚年，武則天寵幸張易之、張昌宗兄弟。武則天為張氏兄弟專設機構控鶴府，以張易之為府監，位三品。張易之小名五郎，張昌宗小名六郎，有朝臣讚譽張昌宗「六郎面似蓮花」，內史楊再思更加無恥，說：「不然，乃蓮花似六郎耳！」武則天對於男寵是很苛求的，不僅要求男性壯偉，儀容英俊，還須各方面盡善盡美。唐著名詩人宋之問，當時是一位文學侍從，長得儀表堂堂，出類拔萃，又文采出眾，自覺理應為武太后的男寵。可是，武太后一直未曾垂青。宋之問不甘心，寫了一首豔詩獻給武后。詩的結句如下：

明河可潔不可親，願得乘槎一問津。
還將織女支機石，更訪成都賣卜人。

武后一笑置之。後來，武后當著眾近臣，當面批評宋之問，說宋卿哪方面都不錯，就是自己還不知道，有口臭的毛病。宋之問無地自容。此後，宋之問常常口含雞舌（香植物），以解其臭。

武太后色情和權位兼顧，還用酷吏周興、來俊臣壯其淫威。周興、來俊臣殺人如麻，用酷刑逼死臣民無數，朝野聞而色變。來俊臣撰《羅織經》，教人如何網羅無辜。其酷刑名目繁多，主要有死豬愁、求破家、突地吼等。廢太子李賢幽囚巴州，武后派人逼令自殺。廢帝李哲囚於別所，新即位的睿宗李旦惶惶終日，懇請讓位於太后。於是，武則天真的即帝位，稱聖母神皇，取名則天，後又改名曌，即所謂日月當空，照臨天下，自稱金輪皇帝，改國號為周。李旦降為太子，改姓武。

英公李敬業和長安簿駱賓王因罪貶謫揚州。李敬業以匡復廬陵王為號召，興兵造反。駱賓王作討武曌檄，遠近傳播，紛紛響應，從反者達十餘萬。李敬業犯策略性錯誤，不直攻洛陽，反而渡江取金陵，結果兵敗而死。武后此後廣開告密之門。於是，四方告密者蜂擁，遭無辜屠殺者不計其數。唐宗室貴族也屠殺殆盡。

還政李唐

武皇帝死後，該由誰來繼承皇位？是諸武還是李氏子孫？諸武當然要很好的考慮，因為，一旦李氏臨政，諸武勢必要被剷滅。於是，諸武聯名請求，立武承嗣為太子。武后在親子和族侄間，究竟將天下交付給誰，一時拿不定主意。武后垂問重臣。丞相狄仁傑說，皇嗣是陛下親子，陛下臨御天下，當傳之子孫，豈可以侄為嗣？母子與姑侄孰親？陛下稍加思量，不難自明。

於是，坐貶的廬陵王李哲擇日被迎回洛陽。廬陵王放逐房州十餘年，時時為性命擔憂，猛然間召回洛陽，見到母后，心中無限激動，只是跪伏嗚咽，泣不成聲。李哲回京以後，太子李旦請求讓位，於是，李哲立為太子。武則天恐她死以後，唐宗室剷滅武氏，便引諸武和相王李旦、太平公主與太子一同宣誓，告天地於名堂，銘於鐵卷，藏於史館，永相和睦。事實上，這不過是自欺欺人罷了。

神龍元年，太后八十一歲，老態龍鍾，臥病不起，居迎仙院。宰相張柬之與崔玄建等請太子以兵入誅殺太后的男寵張易之、張昌宗。羽林將軍李多祚帥兵自玄武門入，斬二張於院左。太后聞變而起。桓彥範進請太后傳位。太后怏怏不樂，返回而臥，不再言語。太子李哲即位，復為中宗，恢復唐國號，徙太后於上陽宮。帝率百官時詣觀風殿進問起居。廢奉宸府（原控鶴府）官，遷東都武氏廟於崇尊廟，更號崇恩，復唐宗廟。諸武王者降爵。武后鬱鬱而死，遺制稱則天大聖皇太后。

韋皇后

武則天生了四個兒子、一個女兒：長子李弘、次子李賢、三子李哲、四子李旦、幼女太平公主。武后對四個兒子一點兒也不喜愛，而對幼女嬌愛得無以復加。什麼原因？原因很簡單，是天性似與不似。太子李弘天性仁厚，心腸太軟。次子、三子寬厚有餘，威猛不足。四子更是近於怯弱。而太平公主則不同，不僅相貌像她，果敢識斷也遠遠超出幾個哥哥，因此武后愛這太平公主，只恨她是一個女身。

太子李弘失愛於武則天后，於上元二年五月，猝死於合壁宮。六月，立雍王李賢為太子。李賢雖作〈黃臺瓜辭〉想感悟武后，但還是不為武后所容，由廢為庶人繼而逼令自殺。三子雍州牧英王李哲旋被立為太子。

李哲原名李顯，是高宗李治的第七個兒子。兩歲時封周王。二十一歲時徙封英王，授雍州牧，改名李哲。二十四歲即被武后立為太子。李哲在東宮時，選京兆萬年人韋氏為妃。韋氏之前，李哲封英王時已聘京兆長安人趙氏為妃。趙氏門第顯貴，父親趙環，母高祖常樂公主。可惜武后不喜歡趙氏，以至將趙氏幽囚內侍省，其父趙環也自定州刺史、駙馬都尉貶謫括州。「妃（趙氏）既囚，扃鍵牢謹，日給飼料。衛者候其突煙數日不出，披戶視之，死腐矣。」趙氏死得真是慘不忍睹。

韋氏比起趙氏來說，出自寒門，命運要好得多。趙氏幽囚至死，韋氏得寵。韋氏很有見地，時常提醒寬和恭謹的李哲，要謹慎小心，居安思危，恭敬地侍候太后及其周圍的親信。三年後，高宗李治死，太子李哲靈前即位，武則天為皇太后，總攬朝政。這年李哲已是二十八歲。韋氏立為皇后。

李哲做了皇帝，想改變被武后所制的朝局，有所作為。他想委韋皇后的父親韋玄貞為侍中。中書令裴炎固爭。李哲急憤之下，言語失了分寸，說：「我以天下與韋玄貞何不可！而惜侍中邪！」此話當然很快就轉奏武后。於是，李哲即位不到一個月，如韋皇后曾說過的「后能立你，亦能廢你」，果然被廢，授廬陵王，先徙均州，後又徙於房州。

李哲驟然間由皇帝被廢，不免神思恍惚。他老記著被廢的那一幕：乾元殿首官畢集，羽林將軍程務挺、張虔勖領虎賁千人入宮，排列於大殿兩側，中書侍郎劉之宣讀太后敕書，廢皇上為廬陵王。李哲莫名其妙，叩問武后：「我何罪？」武后回答說：「汝欲以天下與韋玄貞，何得無罪！」李哲幽於別宮，身邊只有韋氏相陪。韋氏溫言暖語，寬慰李哲，李哲稍好一些。三個月後，李哲被放逐房州（今湖北房縣）。李哲一家只好收拾行裝，向房州進發。房州地處武當山，偏僻貧瘠，一切十分閉塞。房州太守又接到令諭，供給只是日常所需，主要是監視他們的日常行動。

李哲過慣了優裕的生活，哪裡受得了這個？整日愁眉不展，唉聲嘆氣。韋氏每每加以勸解，用女人的溫情給予寬慰。不久，徐敬業以匡復廬陵王為號召，集十萬雄兵，在揚州起事。房州便大為驚慌起來。州太守派重兵看守，日夜監視，朝廷急使也時時馳至。

李哲憂心如焚，每有急使馳至，總是面無血色，渾身顫抖，以為死期已到，便要自殺。韋氏則一旁勸解：「禍福何常，早晚等死耳，無遽！」徐敬業反兵平定，李哲一家這才無事。韋氏為防不測，便親自照料李哲的飲食起居，不讓他人插手。李哲很感激，韋氏已替他生下了一子三女，孩子們還年幼，而此時韋氏又有了身孕，這裡裡外外，都靠她一人操持，李哲沒法保持沉默，於是，李哲對天發誓：「一朝見天日，不相制。」就是說，李哲一旦重登帝位，重見天日，韋氏便可以為所欲為。李哲夫婦就這樣身處危境，相親相愛，在房州生活了整整十四年。

聖歷元年三月，在狄仁傑的力請下，武則天託言李哲有疾，派使將他們一家召回神州（京都）。太子李旦是李哲之弟，此時，處世淡泊的李旦見哥哥回來，便請求武后將太子位還給李哲，武后同意。李哲再次立為太子，長子李重潤封邵王，以皇太孫開府置官，韋氏也再次封為太子妃。

當時的朝局韋氏看得很明白，在武后的周圍，生殺予奪、控制朝政的主要有四個人：一個是太平公主，得歡寵於武后，為所欲為；次為武后的親侄武承嗣、武三思，尤其是武三思，英偉美貌，巧言令色，一張三寸不爛之舌很得武后的歡心；再次為武后御前的心腹女官蘭臺令史上官婉兒，文才秀偉，掌理朝中詔令文書。在這之外，便是武后的求歡男寵，個個都能恃寵進言。於是，韋氏一次次忠告李哲，小心處事，對這些武后周圍的寵臣愛女，要恭敬相待。

李哲於是謙恭禮讓，與這些人物親近起來。精明過人的武三思自然巴不得與太子拉籠，這樣對自己不論是現在還是日後，都是一份保障，李哲、武三思兩家因此來往甚密，進而常常一同內室歡宴，家眷不避。這時，李哲夫婦剛過四十，武三思也是這個年齡。武三思儀表堂堂，極善言辭，很快得到了韋氏的歡心。盛年的韋氏精力旺盛，慾火正熾，正是如狼似虎的年齡，兩人自自然然開始了偷情尋歡，進而如漆似膠，相見恨晚。

韋氏也是精明過人的女人。她知道二武在武太后面前舉足輕重，她便想到以連姻來鞏固李哲的太子地位。於是，經過安排和武后的允準，長女永泰公主嫁武承嗣的兒子武延基，幼女年方十八歲的安樂公主嫁給武三思的兒子高陽王武崇訓。武后一直擔心死後李氏宗室會剷滅武氏，這場連姻，使李、武為至親，當然是再好也不過了。李重潤是李哲、韋氏的獨子，封為邵王，長得儀容秀偉，天性謙恭，他和妹婿武延基很要好，年齡相似，趣味相投。兩人年輕氣盛，血氣方剛，時不時愛議論朝政，尤其是對於出入宮禁的二張，極為看不順眼，揚言要將二張殺死。張易之得報以後，馬上哭著奏報武后，武后少不了二張的淫樂，哪裡能容忍這個？便不問究竟是非，也不管李重潤是不是太子的獨子，下令將李重潤、武延基連同武延基的妻子永泰公主立予撲殺。李哲無可奈何，身為太子，只能眼瞅著自己的兒子、女兒被亂棍杖殺。武承嗣也別無他法，終日只是鬱鬱寡歡，最後一病不起，撒手西去。

武則天八十歲了，齒髮盡落，還是不減淫慾，離不了張氏兄弟。二張恃寵賣官鬻爵，為所欲為。宰相張柬之和直臣桓彥範、敬輝、袁恕己、崔玄等密謀易主，立太子李哲，誅殺二張。先有韋安石、唐休密奏太子：「二張恃寵不臣，必將為亂。」接著，二張奉旨侍疾。崔玄奏請以太子入侍湯藥，禁宮不許異姓人出入。武后不予理睬。

神龍元年正月二十日，宰相張柬之、天官侍郎崔玄、中臺右丞敬暉、司刑少卿桓彥範、相王司馬袁恕已聯絡羽林將軍李多祚、右羽林將軍楊元琰、羽林將軍李湛、左威衛將軍薛思行等人發動宮廷政變，殺死張易之、張昌宗兄弟，逼武后讓位，擁太子李哲為帝。當時，武后聞變驚起，問道：「亂者誰邪？」宰相張柬之答：「二張謀反，臣等奉太子令誅之，恐有漏泄，故不敢以聞。稱兵宮禁，罪當萬死！」太后見太子李哲：「乃汝邪？小於既誅，可還東宮。」桓彥範立即進奏說：「太子安得更歸？昔天皇以愛子托陛下，群臣不忘太宗天皇之德。願陛下傳位太子。」這樣，李哲入主帝位。十個月後，武后逝世。

李哲即位，韋氏立為皇后。薦武三思任司空，位同三品。唐休為僕射，張柬之、敬暉、桓彥範、袁恕己、崔玄五大功臣加官進爵。張柬之等力薦誅滅諸武，尤其要誅殺武三思。但韋后與武三思姦通，說動李哲，予以重用。武三思乘機又薦舉與已私通的蘭臺令吏上官婉兒。李哲被上官婉兒所動，又愛其文才，便留用她，進而封為昭容，納入嬪妃行列。

武三思漸漸得勢，武氏之勢復振。張柬之等五人數請誅殺武氏，李哲不理。武三思遂與韋后進讒李哲，離間五人。李哲慵弱，一味驕縱韋后，竟罷五人政事，封為王，離開京帥。武三思進而控制朝政，令百官復武后舊政，不附者斥罷，為五王所逐者復職。次年，殺五王，武三思權傾朝野。

當時，天下由後宮幾位女性支配：韋皇后、太平公主、安樂公主、長寧公主、宜城公主、新平公主、定安公主、成安公主、上官婉兒。太平公主是武后的女兒，其他幾位公主都是李哲的女兒，還有永壽公主早死，永泰公主被武后所殺。韋皇后有李哲當年的誓言作保，能夠支配中宗李哲。她處處學習武后，中宗臨朝聽政，她也垂簾於帝後，參與政事。太平公主是中宗的妹妹，在武后時驕縱淫恣成性，中宗也是唯唯聽從。安樂公主最小，也最得寵，所需所要無一不滿足。才女上官婉兒封授昭儀，列入嬪御，朝夕陪侍皇帝左右，對朝政極有影響。

中宗李哲就生活在這群放縱淫蕩的女人群中，任她們為所欲為，尤其是韋皇后，放縱得無以復加。且不說韋后的父親韋玄貞追封為上洛王，母親崔氏追封為妃，韋后自己施帷幔坐殿上，預聞政事，僅一個放縱淫亂，就弄得天下鼎沸，朝野皆知，而中宗李哲竟充耳不聞。

李哲自己終日縱情享樂，不管韋后究竟與誰淫通。他每天歡歌逐舞、鬥歡走狗，通宵尋樂。他喜好雙陸戲，即十二張骨牌刻十二生肖，勝者依屬肖等級計算籌碼。韋后和武三思淫通之餘，也對此博戲玩樂不疲。有時，韋后與武三思盤踞於胡床之上，互逐勝負，而中宗卻視若無睹，不僅不認為是非禮，竟還在一邊幫著他們計算籌碼。

韋后僅僅一個武三思是無法滿足淫慾的，便廣召美男子和陽具奇偉者。有一個西域來的和尚，法名慧範，擅左道淫術，被權貴引進後宮，與韋后淫通，韋后極為滿意，成為一個固定的面首。後來，美男子日多，祕密進入後宮，韋后一一淫樂。天長日久，穢行便不脛而走，傳遍京都。

朝臣只知道韋后與武三思相通，沒有想到韋后又這等淫亂。韋氏宗門有一個小官韋月將，恥於宗門有一個這樣的淫后，便不顧死活，上書告發武三思私通中宮，要中宗大振乾綱，肅清宮闈，殺死武三思。中宗一聽就大動肝火，不但不查問是否屬實從而究問，反而不分青紅皂白，要將韋月將處死，好在黃門侍郎宋諫阻，御史蘇珦等從旁勸說，這才使韋月將免於一死。韋后私通一事便公然傳播。

武三思及其心腹五狗：兵部尚書宗楚客、將作大將宗晉卿、太府卿紀處訥、鴻臚卿甘元柬、御史中丞周利用陰謀藉機打擊張柬之五王。中書舍人崔湜投靠武三思，出賣張柬之等。武三思一方面以飛書揭露韋后的醜行，一方面透過兒媳最得中宗寵愛的安樂公主進言中宗，嫁禍於桓彥範四王。這樣，朝中實際針鋒相對的是兩大派：武三思、韋后為首的一派，包括上官婉兒、各公主、朝臣崔湜、鄭音、鄭普思、葉靜能、宗楚客、宗晉卿、紀處訥、甘元柬、周利用、武延秀、武崇訓等；張柬之為首五王正直派，包括敬輝、桓彥範、袁恕己、崔玄、王同皎等。

兩派爭鬥的結果，武韋派以後宮為基地，左右中宗，大獲全勝，張柬之等五王逐出京師，旋一一被殺。五王正直派剪滅以後，便形成了太子與武韋派的爭鬥，雙方為爭奪權位也是相持不下。中宗有四個兒子，韋后所生的李重潤早已和永泰公主一道被武后杖殺，另三子李重福、李重俊、李重茂都是宮人所生。李重福貶放外州，李重俊立為太子，安樂公主是韋后的小女兒，最得中宗和韋后的寵愛，秀美敏辯，光豔天下，嫁武三思之子武崇訓。安樂公主得中宗、韋后、武三思的愛寵，因而無法無天，想取皇太子而代之，立皇太女，繼承帝位。

太子當然不能容忍。中宗自洛陽遷回長安的這年，即景龍元年七月，太子李重俊聯合羽林大將軍李多祚、將軍李思沖、李承況、獨孤之、沙吒忠義、成王李千里等，假傳中宗密令，調羽林軍三百，收捕武三思及其死黨。武三思、武崇訓及全家老小被殺。安樂公主回到內宮，免於一死。

太子殺死武三思後，分兵守衛皇門、宮門，親自率李多祚從肅章門而入，進宮搜捕上官婉兒。後宮一片混亂。中宗、韋后、安樂公主手足無措。上官婉兒處變不驚，從容地告訴中宗，從西側靜謐的小路直奔玄武門，那裡有宿衛兵駐守；拿御璽令宿衛兵把守武門；再派一位近侍傳令兵部尚書宗楚客，這樣可以立即平亂。中宗一行於是逃到了玄武門，下令全都宿衛守住門樓，保衛聖駕。

太子率領的羽林軍趕到。上官婉兒見太子手下的兵丁不多，便進奏中宗，親臨門樓，宣布太子叛逆，殺叛逆者重賞。中宗採納這個建議，在韋后、安樂公主、上官婉兒的護衛下走出門樓，手扶欄杆，宣布太子謀反。結果，宿衛兵攻向叛軍。太子手下的羽林軍倒戈。太子李重俊、將軍李多祚被殺。

大亂平息以後，中宗依舊尋歡作樂。韋后、安樂公主更加放縱。韋后口味漸高，專寵那些有才氣的美男子。她先後與中書侍郎崔湜、散騎常侍馬秦客、光祿卿楊均私通。崔湜風流不羈，與韋后淫通的同時，又巴結上官婉兒，兩人眉來眼去，一拍即合。

韋后奢侈淫亂，各公主紛紛仿效，不甘寂寞。太平公主、長寧公主、安樂公主接受采邑，各置官屬，私樹黨羽。她們又大修府邸，敲詐盤剝，強徵民居。長寧公主在府邸後建造一個人工湖，叫昆明池，窮極奢麗。中宗、韋后一一拜會，到各家遊樂宴飲。安樂公主見長寧公主府邸壯麗，奢華無比，自嘆不如，回去後便照昆明池辟花園、造水池，窮極奢麗，意在定要勝過昆明池，故名定昆池。

安樂公主奢華遊樂與各姐妹爭勝，又在淫亂私通上不甘落後。她專好美男子，因看上了小叔子武承嗣的兒子武延秀，便要求嫁給他。中宗、韋后有求必應，答應了她的要求。婚慶之日，宮中喜氣洋洋，而宮外的京師城巷，則竊笑傳播，輿論大嘩。後宮沉浸在荒淫穢亂之中。

後宮穢行甚囂塵上。中宗一無所知，只顧自己行樂。朝臣和后黨便展開了激烈的交鋒。先是武三思在世時，奏准上韋后號為順天皇后，親謁宗廟，贈韋后父韋玄貞上洛郡王。左拾遺賈虛己力諫：「非李氏王者，盟書共棄之。今復國未幾，遽私后家，且先朝禍鑒未遠，甚可懼也。如今皇后固辭，使天下知後宮謙讓，不亦善乎？」中宗不聽，韋后也不予理睬。

太子兵敗被殺。武三思被誅。兵部尚書宗楚客用事。宗楚客率群臣請加順天皇后韋氏為翊聖。中宗允可。旋即，宮中盛傳有五色雲起於皇后韋氏宮。這是說，韋后有聖主之容，可以坐鎮天下。中宗昏庸，竟「帝圖以示諸朝，因大赦天下，賜百官母、妻封號」。接著，奉迎韋后的朝臣就更加無所顧忌了。

太史迦葉志忠表上《桑條歌》十二篇，進言韋后當受天命臨御天下，「昔高祖時，天下歌《桃李》；太宗時，歌《秦王破陣》；高宗歌《堂堂》；天后世，歌《武媚娘》；皇帝受命，歌《英王石州》；后今受命，歌《桑條韋》。蓋后妃德專蠶桑，共宗廟事也」。志忠如此膽大妄為的舉動不僅太平無事，還受賜房第一區，彩七百段。太常少卿鄭音還將之被於樂府。「楚客又諷補缺趙延禧離釋《桑條》為九十八代，帝大喜。

擢延禧諫議大夫。」朝臣如此動議，中宗竟不在乎。上官昭容便以武氏事進說韋后，「即表增出母服；民以二十三為丁，限五十九免；五品而上母、妻不繇夫、子封者，喪得用鼓吹。數改制度，陰儲人望。稍寵樹親屬，封拜之」。上官昭容與母以及尚宮賀婁等心腹近幸，多受金錢。韋后又封巫趙隴西夫人，出入禁中，勢與上官昭容等。於是政出私門，有錢即可買官，時人謂為斜封官，史載所謂「墨敕斜封出矣」。

中宗郊祀，僅韋后亞獻。正月望夜，中宗與韋后「微服過市，彷徉觀覽，縱宮女出遊，皆淫奔不還。國子祭酒葉靜能善禁架，常侍馬秦客高醫，光祿少卿楊均善烹調，皆引入後廷。均、秦客蒸於后，嘗喪免，不歷旬輒起」。

後宮如此這般，朝臣不能容忍。景龍三年，監察御史崔琬彈劾中書令宗楚客，變亂朝政。宗楚客大怒，當堂門陳忠心，一心為朝廷。中宗不加追問，還命崔、宗二人結拜兄弟和解。朝臣失望，稱中宗為和事天子。

次年五月，許州司兵參軍燕欽融上書：「皇后淫亂，干預國政，宗族強盛。安樂公主、武延秀（公主後夫），宗楚客圖危宗社。」中宗大為驚駭，召燕欽融當面對質。燕欽融一一列舉事實，中宗無言以對。宗楚客見事情不好，遂假傳聖旨，命武士將燕氏推出宮門打死。中宗怏怏不快，認為韋后所作所為太過分，便有意廢掉韋后。

韋后得訊，大為驚恐，於是與安樂公主密計。韋后想學武后臨朝。安樂公主覺著母后臨朝，自己做皇太女也未嘗不可。於是，母女倆在食物中放毒，中宗在神龍殿被毒死，享年五十五歲。

楊貴妃楊玉環

帝王的一生中，是不是有過真正的愛情？有過撕心裂肺的依戀？這是令人頗費躊躇的問題。帝王是人間的主宰，四海之內莫非王土，率土之濱莫非王臣，天地萬物都是他的私產，衣、食、美女都是供他盡興享樂的物質。美人在帝王的眼中，不是什麼同等意義上的人，而是一種軟體動物，供其恣意享受，其實質和一盤美味佳餚沒有什麼不同。如果他受用一次以後，依然喜歡，下次還可以照樣端上來；如果不再喜歡，他的眼前也就永遠再也不會出現。

帝王對一切都是以上臨下的踞高姿態，就像高高在上駕御馬車一樣。帝王對於一切都是御，一切都是被帝王所御，御在中國漫長的歷史長河中成為帝王獨享專用的動名詞。衣服是服御，飲食是御膳，帝王專用的門道是御道，女色即是帝王的嬪御。帝王和宮女發生性行為叫做御幸，女人被皇帝召來侍寢叫做進御。這種種的所謂御，尤其是女人，發展到後來，每夜將女人裸體裹著送到御床，這與一頓晚餐究竟有什麼不同？而這一切都是被所謂典章規制所法定。

一般意義上說，特定身分的帝王，一生中不可能有愛情存在。但事實上，漫長的帝制歷史中，確有個特例外，或者說帝王不可能有愛情存在之說與某些歷史事實相違，這就是馳名歷史的唐玄宗與楊貴妃的愛情，清順治帝和董鄂妃的愛情。他們之間，難道僅僅是御和被御？愛情是雙方在平等位置上的相互傾心，而御和被御則是玩樂和被玩樂、享受和被享受。如果說皇帝與某個女子存在愛情，那就是說皇帝不是在作為皇帝而是在作為人的時候。

皇帝首先是人，其次才是一個有特殊身分的皇帝。作為人，皇帝有感情，想愛人，也需要感情，想被人愛。否則，他站得太高，孤家寡人，君臨天下，高處不勝寒。皇帝雖然廣有四海，但皇帝的內心卻很虛弱，沒有人比皇帝更孤獨、更落寞、更需要安慰。皇帝本是凡胎，感情需要有一個寄存的地方，當他明白他需要女人的感情以後，他必須先要把自己降得和普通人一樣，然後才能得到真情和安慰。當皇帝一旦被真情所牽動，就會不由自主地自動脫下皇帝的外衣，全身心地投入感情的洪流，依戀所愛，撕心裂肺，身分、地位、皇權、天下，一切皆無，內心進入一種融融無比的人間溫暖之中。皇帝只有在這個時候才覺得活得真實，不寂寞，也不孤獨。

但是，長期以來，人們所困擾難解的是，無法分清皇帝與寵妃之間究竟是愛情，還是對色的迷惑？抑或兼而有之？因為，自古以來，沒有哪一個皇帝甘願拋棄美女而去迷戀一個醜婦。那麼，唐玄宗和楊貴妃之間呢？也是一種生生死死的愛情麼？

唐玄宗李隆基是個性情中人，他的一個最大的特點便是多情，或者說他是一個情種，一個風流種子。他對於兄弟情同手足，何況他對於一個自己的、鍾情深愛著的妙齡女子？

史書記載說，做了皇帝以後，他和兩位兄弟經常蓋一條大被子睡覺，兄弟情深義重，很友愛。他的兄弟有病，他親自升火煎藥，灶火燒著了他的鬍子，他還毫不在意。一次，他們兄弟進餐，大哥寧王和他對坐，忽然一口飯噴在他的臉上，眾人大驚。玄宗卻說，「寧哥何故錯喉？」一旁的優伶黃幡綽打趣說：「不是錯喉，是噴嚏（噴帝）。」玄宗大笑，眾人也覺得這句話非常有意思。從此，噴帝成了玄帝兄弟情誼深厚的佳話。

玄宗李隆基和貴妃楊玉環的愛情，經過白居易〈長恨歌〉的渲染，成為千古絕唱。在此之後，歷代撰寫這段感人至深的愛情故事的文學作品，如雨後春筍，不絕於書，其中主要有：陳鴻《長恨歌傳》、樂史《楊太真外傳》、洪昇《長生殿》、南宮搏《楊貴妃》。大詩人筆下的〈長恨歌〉字字珠璣，自唐至今，感染和激動了無數代人：

漢皇重色思傾國，御宇多年求不得。
楊家有女初長成，養在深閨人未識。
天生麗質難自棄，一朝選在君王側。
回眸一笑百媚生，六宮粉黛無顏色。
春寒賜浴華清池，溫泉水滑洗凝脂。
侍兒扶起嬌無力，始是新承恩澤時。
雲鬢花顏金步搖，芙蓉帳暖度春宵。
春宵苦短日高起，從此君王不早朝。
承歡侍宴無閒暇，春從春遊夜專夜。
後宮佳麗三千人，三千寵愛在一身。
金屋妝成嬌侍夜，玉樓宴罷醉和春。
姐妹弟兄皆列士，可憐光彩生門戶。
遂令天下父母心，不重生男重生女。
驪宮高處入青雲，仙樂風飄處處聞。

緩歌曼舞凝絲竹，盡日君王看不足。
漁陽鼙鼓動地來，驚破霓裳羽衣曲。
九重城闕煙塵生，千乘萬騎西南行。
翠華搖搖行復止，西出都門百餘里。
六軍不發無奈何，宛轉蛾眉馬前死。
花鈿委地無人收，翠翹金雀玉搔頭。
君王掩面救不得，回看血淚相和流。
黃埃散漫風蕭索，雲棧縈紆登劍閣。
峨嵋山下少人行，旌旗無光日色薄。
蜀江水碧蜀山青，聖主朝朝暮暮情。
行宮見月傷心色，夜雨聞鈴腸斷聲。
天旋日轉回龍馭，到此躊躇不能去。
馬嵬坡下泥土中，不見玉顏空死處。
君臣相顧盡沾衣，東望都門信馬歸。
歸來池苑皆依舊，太液芙蓉未央柳。
芙蓉如面柳如眉，對此如何不淚垂？
春風桃李花開日，秋雨梧桐葉落時。

西宮南苑多秋草，落葉滿階紅不掃。
梨園弟子白髮新，椒房阿監青娥老。
夕殿螢飛思悄然，孤燈挑盡未成眠。
遲遲鐘鼓初長夜，耿耿星河欲曙天。
鴛鴦瓦冷霜華重，翡翠衾寒誰與共？
悠悠生死別經年，魂魄不曾來入夢。
臨邛道士鴻都客，能以精誠致魂魄。
為感君王展轉思，遂教方士殷勤覓。
排空馭氣奔如電，升天入地求之遍。
上窮碧落下黃泉，兩處茫茫皆不見。
忽聞海上有仙山，山在虛無縹緲間。
樓閣玲瓏五雲起，其中綽約多仙子。
中有一人字太真，雪膚花貌參差是。
金闕西廂叩玉扃，轉教小玉報雙成。
聞道漢家天子使，九華帳裡夢魂驚。
攬衣推枕起徘徊，珠箔銀屏迤邐開。
雲髻半偏新睡覺，花冠不整下堂來。

風吹仙袂飄搖舉，猶似霓裳羽衣舞。
玉容寂寞淚闌干，梨花一枝春帶雨。
含情凝睇謝君王，一別音容兩渺茫。
昭陽殿裡恩愛絕，蓬萊宮中日月長。
回頭下望人寰處，不見長安見塵霧。
唯將舊物表深情，鈿合金釵寄將去。
釵留一股合一扇，釵擘黃金合分鈿。
但令心似金鈿堅，天上人間會相見。
臨別殷勤重寄詞，詞中有誓兩心知。
七月七日長生殿，夜半無人私語時。
在天願作比翼鳥，在地願為連理枝。
天長地久有時盡，此恨綿綿無絕期！

第一段寫楊玉環天生麗質得寵，楊氏家族因她的得寵而高官厚祿、榮華富貴，煊赫一時。第二段寫安祿山起兵叛唐，大唐君臣逃奔西蜀的窘境下，楊玉妃被賜死。第三段寫唐玄宗自西蜀返京以後日夜對楊貴妃的思念。第四段寫道士尋到仙山找到了楊貴妃。第五段寫楊貴妃說了一些只有她和玄宗知道的私房話，點出愛情悲劇的無盡長恨。詩化的語言真是精美絕倫，詩化的語言所包含的內容也實在是感人至深，迴腸蕩氣。

楊玉環是蒲州永樂人，她是隋梁郡通守汪氏的四世孫。她的父親是楊玄琰。長大以後，她被聘為玄宗的兒子壽王李瑁的王妃。如果玄宗不貪色忘禮，搶自己的兒媳婦，橫刀奪愛，楊玉環也許會一生平靜，過一種悠閒的相夫教子的貴婦生活，她也就不會為世人所知。然而，玄宗忘情奪愛，改變了她的生活，也改變了自己的人生，大唐的歷史也因之出現了急遽的轉折。

玄宗李隆基是位性情中人，對於感情並不像人們想像得那麼專一。他先後愛過很多女人，包括他在迷戀楊玉環時，對於梅妃江采萍也不能忘情，同時還有一位名叫念奴的美女常常隨侍左右。當念奴每每執板在殿前放喉高歌的時候，她總要眼送秋波，向玄宗傳達萬種風情，玄宗則總是樂於享受。後來，〈念奴嬌〉便成了宮中的一首曲牌。

玄宗即皇帝位前，擔任璐州別駕，他喜歡倡優出身的趙麗妃。隨後，又移愛於錢妃、皇甫德儀、劉才人，直至武惠妃。武惠妃四十多歲死去，「後庭無當帝意者！」這年，玄宗五十二歲。後宮美人無數，竟沒有一個令玄宗中意，這對於多情種子的玄宗來說，無處寄託情懷，無異於是一種酷刑。玄宗於是鬱鬱寡歡，時常發怒。這時，有近臣進奏說，楊玄琰有個女兒，名叫楊玉環，現為壽王妃，姿質天成，宜充掖庭。玄宗聞言大喜，也不管是自己的兒媳婦，當即吩咐召入禁中觀看。

不看不打緊，一看之下，玄宗傻了眼，「姿質豐豔，善歌舞，通音律，智筭過人，警穎異常，倩盼承迎，動移上意」。這樣豐豔照人、風情萬種的女子沒法不讓一個正常的男人動心，何況風流種子李隆基？李隆基傻眼一陣以後，緩過神來，覺得這令人饞涎欲滴的美女，還不能馬上摟過來，因為她不是王妃，是自己的兒媳婦，起碼先得改變這種身分。於是，玄宗吩咐，讓楊玉環先入籍女道士，賜號太真，然後再迎入後宮。「不期歲，禮遇如惠妃。」最後獨享專房，寵冠後宮，令六宮粉黛失去顏色。

壽王的媳婦被父皇搶去，半句話也不敢說，只好忍氣吞聲。玄宗為了補償，使聘韋詔訓的女兒為壽王妃。壽王除聽任擺布，又能如何呢？

楊玉環擅長歌舞，通曉音律，為人智算警悟，尤能善解人意。玄宗極為喜歡她、欣賞她，漸漸迷戀，不能自拔。不久，楊玉環專寵後宮，宮中人稱她為娘子，她的待遇和儀體規制等同皇后。天寶初，楊玉環被冊為貴妃。楊玉環被寵，楊氏家族榮顯。其父楊玄琰早死，追贈太尉、齊國公。宗兄楊為鴻臚卿；楊釗為侍御史，尚武惠妃所生最被玄宗寵遇的太華公主；楊釗即楊國忠亦浸顯。楊玉環的三個姐姐也沐浴龍恩，玄宗呼她們為姨，封韓、秦三國，為夫人，出入宮禁，可謂「恩寵聲焰震天下」。每當命婦入班，有三夫人在，嬙寵的持盈公主等都不敢就坐。而「臺省、州縣奉請託，奔走期會過詔敕。四方獻餉結納，門若市然。建平、信成二公主以與妃家忤，至追內封物，駙馬都尉獨孤明失官」。

楊氏一家榮顯，正所謂「姐妹兄弟皆烈士，可憐光彩生門戶」，榮盛之下，令世人欽羨，因而使當時重男輕女的風氣為之一變。於是，有兩首歌謠盛傳京師，以至朝野遠播：「生女忽悲酸，生男勿喜歡」，「男不封侯女作妃，看女卻為門上楣」，可謂：「生男勿喜女忽悲，君今養女作門楣。」這些歌謠，和漢武帝寵幸衛子夫，在當時傳播的歌謠，有些相似：「生男無喜，生女無怒，獨不見衛子夫霸天下。」楊玉環何以如此迷人，令玄宗神魂顛倒——「春宵苦短日高起，從此君王不早朝？」這當然有原因，主要是楊玉環天生麗質，為人警悟，集色、才、藝、智於一身。楊玉環出身於小官吏家庭，父親楊玄琰不過是個蜀州司戶。父親早死，她被寄養於叔父家。開元二十三年冊為壽王妃，年僅十三歲，過了五年王妃的日子。玄宗召她進宮時，玄宗五十二歲，而她才年僅十八歲。

史書記載說，楊玉環入宮，玄宗初次見到她時，她一身女道士裝扮，鬢髮膩理，纖濃中度，加上氣質高貴，舉止嫻雅，顧盼生情，嬌容的美豔，活脫脫地像漢武帝傾國傾城的李夫人。玄宗喜不自禁，不能自己，吩咐她寬去衣帶，沐浴湯泉，以觀其體態。玉環肌膚如雪，瑩白柔嫩，從泉中出浴後，又體弱力微，嬌態渾然，容顏煥發，光彩照人。這番情景，在玄宗的眼下一一展現，玄宗沒法不被色情所迷惑。正式進見時，玄宗命樂人演奏〈霓裳羽衣曲〉，楊氏起舞；定情之日，玄宗授給玉環金釵鈿合，又親自將珍奇製成的頭飾步搖，插在她的鬢髮中。同床共枕，巫山雲雨，玄宗覺得如在夢裡，出神入化，意合神怡。

玄宗如果不是為緩和兒子壽王的情緒，進見的當天就恨不得冊楊玉環為貴妃，何以要等到天寶四年！玄宗曾喜形於色地對宮人說，「朕得貴妃，如得至寶也！」他還乘興作了一首曲子，名〈得寶子〉。從此以後，玄宗與貴妃行同輦、止同室、宴專席、寢專房。

自從獨得恩寵以後，楊玉環更加「治其容，敏其詞，婉孌萬態，心中上意」。楊玉環除了容貌豐豔，光彩照人，吸引玄宗不離左右的第二個特長是天賦聰慧，性格機敏。《長恨歌傳》稱她，「才智明慧、善巧便佞、先意希旨，有不可開容者」。

音樂、歌舞方面的超常技藝，是楊玉環吸引玄宗的又一特長。玄宗愛好音樂藝術，玉環對音樂有超常的天賦，兩人在共同的好尚中，情投意合，愛意甚濃。〈霓裳羽衣曲〉是玄宗的得意佳作，玉環能依曲而舞，尤其在醉意朦朧之中，舞姿回雪流風，盡善盡美，玄宗嘆為觀止，引為知音。玄宗覺得，只有聰明過人的玉環才能領會曲中的意境，用舞姿完美地表現出曲中深遠秀雅的情韻。

玉環不僅善於跳舞，還能彈一手好琵琶。她的姐妹和諸王、郡主，都拜她為師，稱為琵琶弟子。玉環的琵琶以邏沙檀為槽，溫潤如玉，光輝可觀，上面刻有金縷紅紋的雙鳳。玉環每抱琵琶演奏於梨園，聲韻悠揚，或淒清婉轉，飄向雲外。除了善琵琶，玉環還長於擊磬，極喜歡泠泠然的磬聲。玉環制曲奏樂，連專攻樂器的太常寺和梨園妓都比不上她的技藝，可見她的天賦之高。玄宗知道了玉環善磬，而且極喜歡聽磬聲，便命人采藍田綠玉，琢為磬，飾以珍奇旒等，供玉環使用和賞玩。玉環一高興，製作〈涼州〉曲，在當時轟動一時，廣為傳唱。

玄宗和玉環情意繾綣，沉溺於愛河之中。但是，身為皇帝、君臨天下的玄宗也有時難免心存旁騖，拈花惹草。後宮佳麗無數，玉環無一能容。「承歡侍宴無閒暇，春從春遊夜專夜。後宮佳麗三千人，三千寵愛在一身。金屋妝成嬌侍夜，玉樓宴罷醉和春。」這就是嬌寵嬌嗔的玉環。

玉環一旦發現玄宗另有新歡，哪怕是蛛絲馬跡，她便妒情發作，大鬧使性。有一次鬧得過分，竟惹怒了玄宗，玄宗一氣之下，命高力士將她遣送回家。可是，僅僅過了半天，玄宗就後悔不迭。玄宗身邊沒有貴妃，總覺得少了什麼，坐立不安，魂不守舍。怎麼辦？但玄宗總不能朝令夕改！可是不朝令夕改又怎麼辦呢？玄宗惱恨交加，胸中的一團無名火便向宦官們發泄。服侍他的宦官走路稍快一點兒，便吩咐一頓毒打。高力士見玄宗動輒鞭笞宦官，情緒失常，便知道了玄宗的心思。高力士小心翼翼，不聲不響，將貴妃接回後宮。當天晚上，貴妃回到宮中，見到玄宗，伏地謝恩。玄宗驚喜之下，愁顏頓開，心中無比高興。兩人只隔一天，竟像分別多年的情人，玄宗對她撫愛備至，柔情似火。從此寵愛得更隆更深。

玄宗的這場不是作為皇帝而是作為情人的怨情，宋歐陽脩有這樣詳實的記載：

它日，妃以譴還（楊）第，比中仄，帝尚不御食，笞怒左右。高力士欲驗帝意，乃白以殿中供帳、司農酒餼百餘車送妃所，帝即以御膳分賜。力士知帝旨，是夕，請召妃還，下鑰安興坊門馳入。妃見帝，伏地謝，帝釋然，撫慰良渥。明日，諸姨上食，樂作，帝驟賜左右不可貲。由是愈見寵，賜諸姨錢歲百萬為脂粉費。以上柱國門列戟，與錡、國忠、諸姨五家第舍聯互，擬憲宮禁，率一堂費緡千萬，見它第有勝者，輒壞復造，務以環侈相誇詡，土木工不息。帝所得奇珍及貢獻分賜之，使者相銜於道，五家如一。

玉環每次從玄宗遊幸，乘馬則高力士授轡策。凡充錦繡官和冶琢金玉者，大抵千人之眾，奉須索奇，四方趨之若鶩，爭獻奇珍異寶。數目之大，器物之精，動駭耳目，驚動天下。在這群進貢獻媚的官吏群中，嶺南節度使張九章、廣陵長史王翼所獻最精絕，也最博得貴妃的喜愛。於是，張九章榮進銀青階，王翼超擢戶部侍郎。從此，進貢獻媚天下風靡。

「春寒賜浴華清池，溫泉水滑洗凝脂。侍兒扶起嬌無力，始是新承恩澤時。」貴妃溫泉洗浴一幕真是活靈活現，嬌情萬種。華清池在華清官，位於驪山，始建於開元十一年，原名溫泉宮。天寶六年，改名華清宮，溫泉池也改名華清池。唐杜牧游華清池時，有感於玄宗對貴妃的嬌寵，寫下了千古傳唱的〈過華清宮〉：

長安回望繡成堆，山頂知門次第開。
一騎紅塵妃子笑，無人知是荔枝來。

貴妃玉環愛吃荔枝，而且必須要求遠在嶺南一帶的荔枝保持新鮮地送到長安。玄宗為討貴妃的喜歡，不惜派專人專程到嶺南一帶取貴妃愛吃的荔枝，沿途以快騎傳送，相距數千里，送荔枝的快騎常常為了趕路竟在路上累死。前赴後繼。從長安向外，遠方一道道的城門次第而開，最後一匹快騎，踏著滾滾紅塵，飛快地向長安奔來。快騎傳送什麼東西，一路上無人知道。看著快騎奔入長安，貴妃笑了。除了貴妃以外，宮裡宮外沒人知道那飛奔而來的快騎，是專程送荔枝來的。

天寶九年，貴妃又因故被玄宗遣還外第。這一次是因她不大安分所致。玄宗重視兄弟情意，常常和兄弟們長枕大被，共臥一處。貴妃青春正盛，哪裡奈得住寂寞？因與諸王過從甚密。諸王中寧王在許多方面與玄宗相似，愛好音樂和遊樂騎射，落拓不羈。貴妃與寧王之間的親密關係，足以令玄宗惱火。貴妃還偷拿過寧王心愛的紫玉笛，為此詩人張祜賦詩云：「梨花靜院無人見，閒把寧王玉笛吹。」玄宗動怒，這一次貴妃的過失似乎無可挽回。

貴妃的哥哥楊國忠大為惶惑，不知道這一次會不會像上次一樣妥帖圓滿地解決，不過，楊國忠可以肯定的是，玄宗絕對下不了殺死貴妃的決心，只有先把她置於死地才能後生。於是，楊國忠請人向玄宗進奏，說妃子既然犯有死罪，請皇帝看在她曾蒙受聖恩的份上，讓她死在宮中，不要在外面受辱。（國忠謀於吉溫。溫因見帝曰：婦人過忤當死，然何惜宮中一席廣為鐵質地，更使外辱乎？）玄宗正處在愛恨交織和內心煎熬之中，不知該如何處置貴妃，聽了這番話，黯然傷懷，飲食不思，詔中人張韜光前往宣旨。

貴妃在外第日夜不安，不知道等待她的是什麼命運。見到玄宗派來的中使張韜光，貴妃哭著說：「妾有罪當萬誅，然膚發外皆上所賜，今且死，無以報。」說著，引刀斷一縷秀髮送上，說「以此留訣」。中使不敢貿然行事，立即轉呈玄宗。玄宗看到秀髮，大驚失色，以為貴妃將要自裁，急命高力士召回貴妃。兩人相見，淚眼相照，重敘恩愛，依舊和好如初。貴妃對玄宗的性格真是瞭如指掌。玄宗因又臨幸其八姐秦國夫人和楊國忠家，賜兩家巨萬之資。

玄宗與玉環兩情相悅，心心相知。玄宗在玉環面前，不是什麼皇帝，而是一個多情的男子，對妻子愛恨交織。玉環在玄宗面前，也不像一個承歡獻媚的妃子，卻是恩愛家庭的嬌妻，敢說敢笑，敢打敢鬧，嬌情無忌，媚態萬種。幾個回合的交手，都是玄宗作出讓步。玄宗平日對於貴妃沒有一點兒居高臨下之態，而像一個好脾氣的丈夫對待自己不懂事的妻子。玄宗下朝，來到貴妃的住處，就像丈夫收工回家，融洽和美。

冬日漫天飛雪，寒風凜凜，大地封凍，屋簷下結出了一根根晶瑩的冰條。玄宗下晚朝回來，見貴妃正在那裡，津津有味地玩幾根亮晶晶的東西，不禁好奇地問：「所玩何物耶？」貴妃笑答：「妾所玩者，冰箸也（箸，即筷子）。」玄宗笑著對近侍說：「妃子聰慧，比象可愛也。」玄宗和貴妃常在宮中漫遊，每每走到鮮花盛開的地方，玄宗見花朵豔麗，總要摘下一朵替貴妃戴上。御苑春意盎然，千葉桃花盛開。八月秋高氣爽，太液池微波蕩漾，白蓮盛開。玄宗君臣在岸邊觀賞，無不驚嘆。過了一會兒，玄宗指著貴妃對貴戚們說：「白蓮能比得上我解花語？」貴妃楊玉環嬌情萬種，體現在各個方面，幾乎無處不在。她有一種天然的令男人無法抗拒的自身魅力，是其他美女所無法競爭的，也是淑女江采萍所不能做到的。

玄宗愛與貴妃尋歡。玄宗如醉如痴地貪戀在枕席之間，以至於放棄了上早朝。所謂「春宵苦短日高起，從此君王不早朝」。玄宗和貴妃寢居，不僅僅只在夜間，二人還時常晝寢。夏季炎熱，玄宗和貴妃避暑於興慶池，通宵淫樂，白天仍不離床蓆。

寢宮的窗外，宮嬪們在憑欄倚檻，爭看水中，雌雄遊戲。玄宗擁著嬌嫩的貴妃，在紗帳內，對窗外的宮嬪們說：「爾等愛水中，爭如我被底鴛鴦？」玄宗與貴妃貪歡，近侍佞幸便紛紛獻媚，進獻春藥。佞幸得寵，朝政越發不可收拾。

獻媚進藥的佞幸中，最為乖巧的是大腹便便的安祿山。

安祿山為了巴結和討好玄宗與貴妃，進獻一種春藥，叫助情花香。香粒大小如粳米，呈紅色。每當寢臥尋歡之際，含香一粒，助情發興，筋力不疲。玄宗神魂顛倒地淫樂以後，對貴妃神祕地說道：「這就同於漢代的慎膠。」南方也進獻了一種助情的果子，叫合歡果。合歡果的名字和形狀引起了玄宗與貴妃的濃厚興趣。他們倚在一起，互相賞玩，快樂得愛不釋手。玄宗對貴妃說：「此果似知人意，朕與卿固同一體，所以合歡。」於是，兩人寬去衣帶，合坐一起，同吃了合歡果，快樂歡暢無比。玄宗為了留下紀念，還吩咐畫工，描繪此番銷魂的情景。

楊貴妃實在不是一個淑女型的女人。她肥胖、貪杯、美豔而嬌憨。玄宗還曾對她的肥胖有過戲言。有一次，玄宗在便殿看《漢成帝傳》。貴妃從後面走過來，給他整了一下衣領問道：「看的什麼書？」玄宗笑著說：「別問，你知道了又要生氣。」貴妃坐在玄宗的旁邊，兩人一起看。只見書上寫道：「漢成帝獲飛燕。身輕軟不勝風，恐其飄翥，帝為造水晶盤，令宮人掌之而歌舞。又制七寶避風臺，間以諸香，安於上，恐其四肢不禁也。」玄宗對貴妃戲言說：「爾則任風如何吹！」貴妃體重，絕不會被風吹走，玄宗說得很幽默。

肥碩的身體對於貴妃來說，也是一種折磨。夏天苦於高溫，大量出汗，不停地喝水。每到夏天，她便把一個玉魚含在口裡，藉其涼津潤肺。貴妃身穿輕綃，侍女們圍繞著她，不停地揮扇鼓風，但仍然無法解熱。帶著香氣和紅膩的汗水止不住地冒。她的嬌態越發地美妙，令玄宗痴倒。

玄宗對於貴妃的痴愛簡直是無以復加。有一次，玄宗臨御勤政樓，令教坊樂工大張聲樂。教坊中有位王大娘，善戴百尺竿，上施木山，形狀如瀛洲、方丈，然後令小兒持絳節出入其間，而舞蹈不輟。當時，劉晏以神童任職祕書省正字，十歲即慧悟過人，玄宗將他召到樓中。貴妃坐在玄宗的膝上，玄宗為她施粉黛，與之巾櫛。貴妃令劉晏詠王大娘戴竿。劉晏應聲詠道：

樓前百戲競爭新，唯有長竿妙入神。
誰謂綺羅翻有力，猶自嫌輕更著人。

玄宗、貴妃和眾嬪御聽罷歡聲大笑，笑聲聞於宮外，稱這詩應得好，因命牙笏黃紋袍賜之。

玄宗在木蘭殿宴請諸王。當時木蘭花開，皇情怡悅。貴妃乘著酒醉，舞一曲〈霓裳羽衣〉，「天顏大悅，方知回雪流風，可以回天轉地」。玄宗夢十仙子，作〈紫雲回〉；玄宗又夢龍女，作〈凌波曲〉，二曲作成以後，賜宜春院和梨園弟子以及諸王。其時是新豐初年，進女伶謝阿蠻，極善跳舞。玄宗、貴妃鍾念，因而在清元小殿歡聚：寧王吹玉笛，玄宗擊羯鼓、貴妃彈琵琶、馬仙期方響、李龜年觱篥、張野狐箜篌、賀懷智擊拍。自旦至午，歡洽異常，愉悅無比。

當時，只有貴妃和八姐、習琵琶的女弟子秦國夫人端坐觀看。曲罷，玄宗戲說「阿瞞樂籍，今日幸得供養夫人，請一纏頭」。秦國夫人說：「豈有大唐天子，阿姨無錢用耶？」於是出三百萬為一局。貴妃也問女伶阿蠻：「你貧無可獻師長，待我與爾。」旋命侍兒紅桃娘，取紅粟玉臂支賜給阿蠻。

勤政殿、木蘭殿尋歡，玄宗離不了貴妃。貪杯、賞花，更是玄宗和貴妃的一大開心樂事。嗜酒貪杯當然不是淑女的做法，可是當時的唐代，風尚飲酒，崇尚豪侈，酒便和一切連在了一起。貴妃醉酒嬌痴，自然天成，其美妙動人便成了當時和後世的人們欣賞陶醉的一幅美景。不過貴妃身體肥胖，夜晚縱酒，早晨起來往往肺部難受，她就常在清晨走到後苑，攀花樹之枝，吸吮花露，用露水潤肺。

開元年間，禁中種木芍藥，也就是牡丹，有紅的、紫的、淺紅的、通白的。這些牡丹極豐豔，玄宗很喜歡，便吩咐將它們移植興慶池東，沉香亭前。花木盛開，玄宗游賞花園，貴妃乘步輦相從。玄宗命召梨園伕秀弟子，得樂十六色。李龜年手捧檀板，擁眾樂前，準備奏樂高歌。玄宗制止說：「賞名花，對妃子，焉用舊樂詞為？」於是命李龜年持金花辦，宣賜翰林學士李白，立進清平樂詞三篇。李白欣承詔旨，宿酲未解，援筆而賦：

雲想衣裳花想容，春風扶檻露華濃。
若非群玉山頭見，會向遙臺月下逢。
一枝紅豔露凝香，雲雨巫山枉斷腸。
借問漢宮誰得似，可憐飛燕倚新妝。
名花傾國兩相歡，長得君王帶笑看。
解釋春風無限恨，沉香亭北倚欄杆。

李龜年興致勃勃地捧上詞，玄宗萬分高興，即命梨園弟子略約詞調，撫絲竹，一同唱和，李龜年引吭而歌。貴妃手持玻璃七寶杯，酌西涼州葡萄酒，笑領歌意甚厚。玄宗親自調弄玉笛，在一旁伴奏。據記載，這場盛會，李白曾讓高力士引以為恥，高力士便離間貴妃，說李白「以飛燕指妃子，賤之甚矣！」貴妃大為惱火。後來玄宗三次要授李白高官，終因貴妃梗阻未遂。

沉香亭是玄宗和貴妃常相歡聚的所在。貴妃肥胖、貪杯，玄宗最欣賞的便是貴妃醉後的憨態。一次，玄宗坐在沉香亭前，命人召貴妃來。這時，貴妃酒還未醒。高力士舉旨後便派侍兒將醉態朦朧的貴妃扶掖著走來。玄宗舉目望去，但見貴妃醉態殘妝，鬢亂釵橫，到玄宗面前也不能再拜。玄宗憐愛地笑著說：「是豈妃子醉真海棠睡未足耳！」

貴妃的生活如人間天堂。她在後宮過的是無憂無慮、榮華富貴的生活。僅僅在穿衣上，後宮專門為貴妃一人服務的織繡工就達七百人之多。貴妃優裕的生活和君王的寵愛集於一身，作為一個女人，古今有此盛遇者能有幾個？然而，一切都有完結的時候。心事盛極而衰，這是大自然的法則，貴妃也逃不出這種命運。

「漁陽鼙鼓動地來，驚破霓裳羽衣曲。九重城闕煙塵生，千乘萬騎西南行。」天寶十四年，被玄宗、貴妃收為乾兒子的安祿山舉兵叛唐。安祿山以誅殺逆賊楊國忠為名，把貴妃、虢國夫人等都列為罪人。災難從天而降，大唐承受著不祥的命運，玄宗和貴妃也大感迷惘。

安祿山反叛，京師震動。安祿山以誅國忠為名，遍列楊國忠、虢國夫人、貴妃三人的罪狀，近臣不敢奏聞。玄宗想以皇太子監國，隨即傳位，他自己領兵親征。玄宗謀於國忠，國忠大為恐懼，回第後告訴姐妹，說：「我等死旦夕，今東宮監國，當與娘子等拚命矣。」姐妹哭訴於貴妃。貴妃銜土請命，這才作罷。

叛兵勢盛，潼並失守。玄宗和後宮妃子西奔巴蜀。走到馬嵬坡，大軍忽然停下不走了。西右龍武將軍陳元禮怕發生兵變，對軍士們說：「今天下崩離，萬乘震盪，豈不由楊國忠割剝甿庶，以至於此。若不誅之，何以謝天下！」眾軍士齊吼「念之久矣」。會吐蕃和好使在驛門，遮國忠訴事。軍士們大喝「楊國忠與蕃人謀叛」！諸軍包圍驛門，合殺楊國忠和男暄等。

玄宗出驛門，犒勞六軍。六軍軍士不解圍。玄宗奇怪，顧左右問是何緣故。高力士回答說：「陛下負罪，諸將討之。貴妃即國忠妹，猶在陛下，左右群臣能無憂怖？伏乞聖慮裁斷。」玄宗無言，默默地走進驛門。門內有條小巷。玄宗不忍直達後宮，便於巷中倚杖欹首而立，聖情昏黑，很久不想進去。

京兆司錄韋鍔進奏說：「乞陛下割恩忍斷，以寧國家。」玄宗已然失去了思維能力和判斷能力，就像一個被野獸追逐的農夫，只知道瘋狂地逃命，其他的事一概不管不想，也沒法想。總之，一切都是不由自主。玄宗在行宮外不知徜徉了多久，後來也不知道是如何走進行宮。玄宗臉色蒼白，什麼都不用說，貴妃一切都明白了。她知道，她已成眾矢之的，今天就是自己的末日。

玄宗撫著貴妃走出廳門，來到馬道北牆口。訣別之際，貴妃哭泣嗚咽，對玄宗說：「願大家（宮中稱皇帝為大家）好住。安誠負國恩，死無恨矣。乞容禮佛。」玄宗悲痛欲絕，就像站在陰陽界上，飄飄忽忽地說：「願妃子善地受生。」高力士奉旨以羅巾將貴妃縊死於佛堂前的梨樹下。然後，用紫褥裹屍，埋於道側。貴妃剛剛嚥氣，南方快騎馳送的荔枝隨即送到。玄宗見到荔枝，長號嘆息，對高力士說：「與我祭之。」祭後，六軍仍沒解圍。貴妃陳屍庭中，命陳元禮等入驛觀看。元禮抬其首，看確實是貴妃，而且真的死了，六軍隨即解圍。

貴妃死時年方三十八歲。玄宗手持荔枝，在馬上對近侍張野狐說：「此去劍門，鳥啼花落，水綠山青，無非助朕悲悼妃子之由也！」據有關記載說，此前有術士李遐周的詩流播京師：「燕市人皆去，函關馬不歸，若逢山下鬼，環上系羅衣。」「燕市人皆去」是指安祿山薊門之士而來。「函關馬不歸」是指歌舒翰敗弱潼關。「若逢山下鬼」，鬼即嵬，指馬嵬驛。「環上系羅衣」，貴妃小字玉環，死時高力士以羅巾縊之。又說貴妃常以假髻為首飾，而好服黃裙，天寶末年京師有童謠云：「假髻拋河裡，黃裙逐水流。」至此果應。這些或許是好事者的附會，附得既如此活靈活現，不防存其一說。

四、兩宋皇妃

北宋皇后

皇后是後宮的中心人物。北宋自太祖趙匡胤建國，經歷了一百六十餘年的風風雨雨。北宋先後有九代帝王，皇后有十幾個。北宋的皇后中仁德本分、溫柔賢惠的居多。但在積貧積弱中隨著王朝的步步衰落，皇后們的仁德也挽救不了皇室日漸沒落，走向滅亡。皇后最終也還是陪侍在君側，拖著沉重的腳步，流離後宮。

開國三皇后

太祖趙匡胤先後有三個皇后：賀皇后、王皇后、宋皇后。賀氏是河南開封人，生有一個兒子和兩個女兒。即後來的魏王趙德昭和秦、晉二公主。太祖沒即位前，貧民出身的元配賀氏便撒手西去，年僅三十歲。太祖即位後於建隆三年追冊為皇后。史稱她天性溫柔恭順、謹守禮法，因而死後謚號為孝惠。

賀氏故去以後，太祖續娶了邠州新平人王氏。王氏是彰德軍節度使王饒的第三個女兒，太祖當時是殿前都點檢，聘為繼室。王氏恭順勤謹、寬厚仁慈，周世宗賜賞冠帔，封她為琅邪郡夫人。太祖即位，她便於建隆元年八月被冊為皇后。王氏是太祖的第一任正式皇后。她為人賢惠，衣著樸素，常常寬衣常服，親佐御膳，替太祖彈箏鼓琴，歡娛聖心。她每天早晨必誦佛書，心境沉靜，極得太祖的寵愛，也得杜太后的歡心。她前後生下了三個子女，但都一一夭折。她也於乾德元年十二月去世，年僅二十二歲。翰林學士竇儀奉命特為她撰寫哀冊文。

宋氏是河南洛陽人，是左衛上將軍宋的長女，母親是漢永寧公主。宋氏小的時候，曾隨永寧公主入見周太祖，周太祖賜賞冠帔。宋太祖建國，乾德五年召見宋，又賜賞冠帔。當時，宋任華州節度，宋氏隨母親歸鎮。王皇后死，宋氏隨母親入京賀長春節。宋氏風姿綽約，被太祖看中。開寶元年二月，太祖冊宋氏為皇后，時年十七歲。宋氏也是天性柔順好禮。太祖每次下朝歸來，總能看到身具冠帔的宋氏婷婷玉立地在殿前迎接，兩人相攜著回到後宮，由宋氏親自調膳，侍候聖駕。開寶九年冬天，太祖趙匡胤死，弟弟趙光義繼位，稱宋氏為開寶皇后。開寶皇后此後又生活了十年，先住西宮，後遷東宮，四十四歲時在宮中去世。

太祖的幾位皇后賢淑仁德，王皇后為人善良，還佛心高照，慈渡天下。然而，王皇后的弟弟王繼勳，專愛吃清燉女人肉，還得到了太祖和皇后的默許，這就令人大為奇怪了。太祖不也是孝友節儉、質任自然、不事矯飾嗎？其實，這也沒什麼奇怪，太祖的孝和皇后的仁也與這事沒多大的關係。天生眾人，各有一好。王統勛生來愛吃清燉女人肉，又誰讓他是皇上的舅子？除非把他殺掉！如果真把他殺了，恐怕大臣們就不會說太祖孝友、皇后仁德了。

王統勛出生時就很怪。他的母親臨產前，夢見一人一頭紅髮，狀貌奇怪。怪人走到室中，站在床前，其母大驚，便生下了他。長大以後，王統勛風儀英俊，但性情凶悍，像個無賴。他因是國母之弟，官運亨通。他歷任內殿供奉官都知溪州刺史、恩州團練使、都指揮使、防禦使、權侍衛步軍司事等職，所任多為不法，並公然搶掠女子，弄得一片紛擾。吏民狀告太祖，太祖殺其侍從上百，但不查究他。

後來，出於無奈，太祖只好解除他的兵權，委他當彰國軍留後奉朝請。他悶悶不樂，便終日宰割奴婢，煮食女人肉取樂。前後被他煮食的女人不知道有多少。太宗趙光義即位，他還是照吃不誤，而且男女幫凶不絕門戶。洛陽長奉寺的寺僧廣惠也愛吃女人肉，兩人常在一起，吃得滋味無窮。太宗沒有辦法，最後只好派戶部官員雷德驤，將他和寺僧廣惠殺了。

太宗三皇后

太宗趙光義也先後有三個皇后：尹皇后、符皇后、李皇后。尹氏、符氏在太宗即位前就故去了，即位後才追封為皇后，只有李皇后是太宗在世時冊封的。尹氏是相州鄴地人，是滁州刺史尹廷勛的女兒，哥哥尹崇珂任保信軍節度。符氏是陳州宛兵人，魏王符彥卿的第六個女兒，曾先後封為南郡夫人、楚國夫人、越國夫人，三十四歲時死去。尹氏、符氏都很賢德，太宗即位後便追封她們為皇后，謚號分別為淑德、懿德。

李皇后是潞州上黨人，是淄州刺史李處耘的次女，太平興國三年十九歲入宮，六年後的雍熙元年被立為皇后。她天性恭謹莊肅，撫育太宗諸子，對待宮嬪女御很厚。真宗即位以後她被尊為太后，住西宮嘉慶殿，死後謚贈明德。

太宗不遵兄終弟及的家規。他先逼死了哥哥趙匡胤的兒子趙德昭，然後又把弟弟趙光美幽囚房州活活氣死。而後，他心安理得，立兒子元侃為太子，改名趙恆，趙恆即位便是宋第三代皇帝宋真宗。

真宗原配是大名人潘氏，忠武軍節度潘美的第八個女兒。潘氏是在真宗早年封韓王時由太宗替真宗聘娶的，封莒國夫人。真宗沒即位前，潘氏二十二歲便去世。真宗即位以後，追封潘氏為皇后。

真宗三皇后

真宗的第一任真正皇后是宣徽南院使郭守文的第二個女兒。淳化四年，真宗在襄王府邸，太宗為他聘娶，封魯國夫人，進封秦國夫人。真宗即位，冊立為皇后。十年後，於景德四年以三十二歲病逝。史稱郭皇后謙恭儉約，厭惡奢靡。她的族屬入謁禁中，只要衣飾華麗，她便加以斥責；有的想借助她的地位，相求於真宗，她總是堅決不許。真宗對她因而又敬又愛。郭皇后死，真宗突破七日釋服的禮制，特詔十三日釋服。靈駕發引後，又特命翰林學士楊儀撰寫哀冊。

皇后一位空缺，宮中候選人有兩個。一個是宰相沈義倫的孫女兒沈才人，其父是光祿少卿沈繼宗。沈才人是以將相家子入選後宮的，因而起點高，能以千金之身引起皇上的注意。沈氏沒有官宦小姐常有的驕縱，而是文靜賢淑，儉約樸素，她在宮中歷才人、美人、婕妤、充媛，至於德妃，很得真宗的寵愛。另一個是劉美人，雖出身寒微，襁褓而孤，卻是美麗動人，真宗為她著迷，進而立為皇后。

比起劉美人來，出身高貴的沈才人確實是黯然失色。劉美人不僅秀美，還擅長播鼗。她由蜀人龔美帶到京師，十五歲送進時為真宗即位前的襄王王府邸，真宗神魂顛倒，大加寵愛。乳母秦國夫人認為劉妖媚，偷偷向太宗奏報，太宗命襄王逐出劉氏。襄王舍不下，將她寄放在王宮指使張耆家。太宗死後，真宗即位，這才將劉召回後宮，授美人，旋進修儀，再進位德妃，寵冠後宮。

皇后位缺，沈才人立后的呼聲最高，幾乎眾口一詞，尤其是朝中大臣、皇親國戚，因為沈才人出於相門。但真宗迷戀的是劉美人，要立劉氏為皇后，大臣們激烈反對。翰林學士李迪甚至公開進諫，「妃起於微寒，不可以母天下」。真宗不聽，執意立劉氏為皇后。

劉皇后天性敏悟，通曉書史，對朝廷一應大事小事，都能熟記本末。真宗退朝以後，批閱天下章奏，直至深夜，總是劉皇后陪同，而且一同理政。宮中有什麼事，她都能援引以往故實妥帖解決。真宗對她敬、愛並重。宋代後宮干預朝政便自此開始。

天禧四年二月，真宗執政二十二年以後突然得風疾，不能理事，政務多交劉皇后裁決。宰相寇準、李邊以皇后干政，國之大忌，便謀太子監。所謀事泄，罷去宰相，貶知相州。其實，太子趙受益是劉皇后的侍女李氏生的。李氏是杭州人，為劉皇后心腹，成為真宗司寢，受孕後生下受益，李氏也進而為才人、婉儀、順容，劉皇后養受益於宮中，收為自己的兒子，旋被立為太子。這樣的太子又如何會背叛皇后？

繼寇準以後，宦官周懷政以身試法，又謀立太子受益即帝位，奉真宗為太上皇，罷劉皇后干政。謀事又泄，周懷政被殺。陰謀中想殺權臣丁謂而復寇準相職，失敗後寇準再次被貶，任道州司馬。不久，劉皇后詔太子參議朝政。開資善堂，太子裁理政務，皇后則決於內。朝局正所謂「太子幼，非中宮不能立；中宮非倚太子，則人心亦不附」。一年以後，真宗死去，太子即位，為宋仁宗。遺詔劉皇后尊為皇太后，權取處分軍國大事。

權臣丁謂以新皇即位，奏請太后御別殿，由仁宗理政。仁宗這年才十三歲，親政後大權自然會由權臣包攬。劉太后遣張景宗、雷允恭宣諭丁謂，質問他：「皇帝視事，當朝夕在側，何須別御一殿？」太后便和仁宗同御大殿，垂簾聽政。劉太后恨寇準、李邊，再貶寇準為雷州司戶參軍，李邊再貶為衡州團訓使。隨後殺不忠的雷允恭，罷丁謂相職，任呂夷簡、魯宗道參知政事、王曾同平章事。劉太后完全統攬了朝中、宮中的一應大事，她也由坐鎮後宮而臨御前朝。

有一天，劉太后問參知政事魯宗道：「唐武后何如主？」魯宗道回答：「唐之罪人也，幾危社稷！」劉太后沒再言語。劉太后顯然是仰慕武則天，想走武則天臨御天下的女皇之路。可惜劉太后自己倚重的大臣們卻不這樣想，也不願這樣做。

明道元年二月，仁宗的生母李宸妃死。李氏是劉太后的侍女。劉太后收仁宗為自己的兒子，李氏一直沉默，直到她死去，仁宗還不知道她就是生母，而不是劉太后。仁宗雖然不知道，但精明能幹的朝廷大臣卻明白，因而在李宸妃入葬問題上，發生了爭執。

劉太后不想聲張此事。她覺得，身為自己的侍女，李氏能享受聖恩，並順利地懷孕、生子，已經是足夠幸運的了，還想要什麼？由侍女而列身嬪御之列，成為宮中的主子之一，還有什麼不滿足？因此，李氏死了，劉太后覺得沒有什麼，按她的宸妃身分下葬就行了。

大臣卻不同意，尤其是宰相，既然知道了李宸妃是仁宗的生母，這個時候不能不說話。否則，一旦太后駕崩，皇上親政，身為輔政的宰臣該如何交待？該如何面對皇上？因此，宰相呂夷簡在上朝奏事完了以後，就開口說話了。呂夷簡垂手侍立，恭敬地問：「聞有宮嬪亡者？」劉太后一聽就惱火：「宰相亦預宮中事耶？」說著，劉太后拉起仁宗就走，宣布退朝。

過了幾天，劉太后獨坐簾下，再召呂夷簡問話：「一宮人死，相公云云何也？」可見劉太后對此耿耿於懷，想問個究竟。呂夷簡從容地回答：「臣待罪宰相，內外事無不當御。」呂夷簡的口氣真是不小。果然犯了忌諱，劉太后大怒：「相公欲離間吾母子邪？」

呂夷簡鎮靜地回答：「太后不以李氏為念，臣不敢言。若念李氏，則喪禮宜從厚。」劉太后恍然大悟，明白了過來，忙問：「李，宸妃也，且奈何？」呂夷簡請治喪皇儀殿，用一品禮，殯洪福寺，以皇后服入殮。用水銀實棺。

劉太后雖知道呂夷簡的意思，但還是小覷這位死去的侍女，不想給她服皇后服，按一品禮下葬，而是吩咐不許出正門，以鑿宮城城垣出喪。呂夷簡請求面見太后。太后不見，派內侍羅崇勳前去。呂夷簡說，鑿垣出喪不合於禮，應從西華門出喪。羅崇勳回稟，太后派羅再去質問：「難道卿意非此不可？」呂斷然回答：「臣位宰相，理當廷爭。太后不許，臣終不退。」羅崇勳來回跑了三次，太后依舊我行我素。呂夷簡最後正色說：「宸妃誕育聖躬，而喪不成禮，異日必有受其罪者，莫謂夷簡今日不言也！」羅崇勳懼，馳告太后，太后也有些怕，便同意了。

劉太后一死，果然有人告發。荊王趙元儼告訴仁宗，說李宸妃是他的生母，宸妃死於非命，而且喪不成禮。仁宗嚎啕大哭，不視朝累日，下詔自責，親自到洪福寺祭告，並吩咐更易梓宮，重新下葬。宸妃弟李用和奉命開棺驗視，由於棺實水銀，宸妃玉色如生，身穿皇后服。仁宗心中大安，感嘆說人言豈可全信！便對劉太后家族更厚。

劉氏出身寒微，自美人而皇后而太后，臨朝幾十餘年。史家評述她，「雖政出宮闈，而號令嚴明，恩威加天下。左右近習亦少所假借，宮掖間未嘗妄改作。內外賜與有節」。小臣方仲雲止書請依武后故事，立劉氏廟。三司使程琳獻〈武后臨朝圖〉。劉氏將奏書和獻圖扔在地上，不屑地說：「吾不作此負祖宗事！」

仁宗兩皇后

仁宗皇后郭氏，是平盧軍節度使郭崇的孫女。仁宗在做太子時，寵愛張美人。仁宗即位，想立張美人為皇后，劉太后不同意。於是於天聖二年，立郭氏為皇后。仁宗不喜歡郭皇后，愛幸的是尚美人、楊美人和張美人。郭氏雖然立為皇后，但一直冷冷清清，如同住在冷宮。

受寵的美人都想取皇后而代之，因而逮著機會，就損毀郭氏。尚氏、楊氏等多次和皇后發生爭執，忿恨不已。有一天，尚美人又在仁宗面前說郭皇后的壞話，恰巧被郭皇后聽見了。郭皇后怒不可遏，上前揮手就想抽她一耳光。不料，仁宗救美人心切，撲過去就擋住了尚美人。郭皇后怒極之下抽出的巴掌發揮著她多日積聚的怒憤，沒想到卻給仁宗挨上了。

仁宗只覺得頸上火辣辣的，腦袋昏昏沉沉，一股股怒氣直往上竄，氣得喘喘吁吁的。仁宗被隨侍扶入內殿。內都知閻文應建議仁宗廢掉皇后，並把皇后留下的爪痕給宰輔大臣看。仁宗接受了這個建議。真的召來大臣呂夷簡，告訴經過，請他看看皇后的爪痕。果然紅痕刺眼，血跡斑斑。呂夷簡為罷相的事早就怨恨郭皇后，於是乘機進奏：「廢后之事，古亦有之。」侍臣也隨聲附和，說郭氏身為皇后九年，沒有子嗣，應當廢去。

仁宗聽著大臣們站在自己這一邊批評郭后，本來很高興，但真的說到廢去皇后，仁宗又有點兒猶豫不決。呂夷簡就在一邊鼓勁說，光武帝是漢代的明主，其郭皇后只以怨懟而被廢，何況打傷了陛下？仁宗於是激憤起來，決心廢去郭皇后。

廢后的消息不脛而走，宮中、朝中便緊張和熱鬧起來。中丞孔道輔、諫官范仲淹、段少連等十餘人力諫，聲稱「后無過，不可廢！」呂夷簡吩咐有司不得接納臺諫奏章。仁宗也下詔，說皇后沒有子嗣，自願入道，特封為淨妃、玉京沖妙仙師，賜名清悟，居長樂宮。

廢后詔書頒發，臺諫的奏章又不能上達，御史中丞孔道輔和諫官范仲淹只好連同知諫院孫祖德、殿中侍御史段少連、侍御史蔣堂、郭勤、楊偕、馬絳、左正言宋效、右正言劉煥等伏閣力爭，詣垂拱門伏奏，稱郭皇后不當坐廢，希望皇上召見，垂聽諫官之言而從之。

孔道輔、范仲淹等伏閤力爭。可守候殿門的內使緊閉門戶，不予通報。孔道輔情急之下，手撫宮門銅環，大聲疾呼：「皇后被廢，奈何不聽臺諫入言？」孔道輔等又進詣宰輔。孔道輔質問呂夷簡：「大臣於帝后，猶子事父母也。父母不和，固宜諫止，奈何順父出母乎？」呂無言以對。眾議譁然，紛紛指責呂夷簡。

呂夷簡被逼得沒辦法，爭辯說，廢后的事，不是本朝首創，古已有之。孔道輔、范仲淹憤然指斥說：「人臣當導君以堯舜，豈得引漢唐失德為當？公不過引漢光武勸上耳，是乃光武失德，何足法也？」呂夷簡啞口無言，只好拱手說：「諸君自見上，力陳之。」可是沒等孔道輔等見皇上力陳，他們已被一一罷黜，逐出京城。

郭皇后被廢入道，出居瑤華宮。不久，尚美人也失寵，廢入洞真宮，也成了道姑。楊美人也被別室安置，不再重睹天顏。仁宗賜號郭氏金庭教主、沖靜元師，以示安慰。隨後仁宗很顧念郭氏，常常遣使存問，賜賞樂府。郭氏感謝聖恩，書信作答，言詞淒愴，催人淚下。仁宗割捨不下，便常令人祕密召回郭氏恩恩愛愛，互訴相思。仁宗覺著這麼偷情很有意思，郭氏則覺得這不算一回事，得要名正言順。於是，郭氏說話了：「若再見召者，須百官立班受冊方可。」仁宗沒反應。不久，郭氏染病，內侍閻文應奉命挾醫診視，幾天後，郭氏暴病身亡。宮中、朝廷懷疑是閻文應下毒，但僅僅是懷疑而已，誰敢查證？閏文應後流放而死。

接替郭皇后的並不是爭風吃醋的幾位美人，而是真定人曹氏，是樞密使武惠王曹彬的孫女。明道二年郭后被廢，曹氏被詔聘入宮。第二年，曹氏便被冊為皇后。曹皇后天性慈儉，注重稼穡，知書達禮，文質彬彬，還能寫一手漂亮的飛白書。但關鍵的時候，文弱的曹皇后卻能鎮定自若，臨危不懼，可見曹皇后資性聰穎，非同一般。

變故發生在冊立皇后的第二年冬天，曹皇后剛侍修好仁宗就寢，殿外突然傳來呼號聲、喊殺聲和撞門聲。原來是侍從官顏秀等人越脊叩殿，想殺死仁宗，動掠兵仗，搶奪宮中財物。仁宗聞變後嚇得發抖，想逃出寢殿。曹皇后攔住仁宗，吩咐近侍緊閉門戶，通通堵死，又派都知王守忠，引兵入衛寢宮，殿外慘叫聲起伏，一些宮嬪、侍女被叛兵殺死，氣氛陰森而恐怖。宦官建議讓乳娼毆打宮女，以掩蓋真相。曹皇后大怒，斥責說：「賊在近殺人，敢妄言耶？」曹皇后聽著殿外的動靜，估計叛兵一時撞不開門，定會放火。曹皇后便命宮人準備冷水，跟隨賊兵後，賊兵果然放火，準備燒燬宮門和掛簾，宮人隨即潑水澆滅，不至釀成大禍。曹皇后又鼓勵宦官，凡努力殺賊的，一律重賞。時間終於贏得了。王守忠帶領衛兵趕到，擒殺了叛兵，平息了這場血腥的兵變。

意外的是仁宗不仁。這樣賢慧明智的皇后，卻趕上了一個糊塗皇上，而且糊塗至極。這場變故，仁宗之所以轉危為安，化險為夷，全賴曹后的明智和決斷，因而曹后不可置疑地有扞駕、保駕之功。可是，仁宗卻不這樣看，他不僅不念皇后有功，頒給獎賞，反而說是張美人有功，想頒發詔書，升美人為貴妃。

後宮怒氣洶洶。朝臣們也大為氣憤。翰林學士張方平婉轉地說：「舍皇后而禮尊美人，古來沒有此禮。」知諫院王贄、御史何郯則上書力諫，直言其不可。但仁宗還是晉美人為貴妃。曹皇后沒說什麼，也不計較。

仁宗有三個兒子，卻過早去世。宰相韓琦等奏請早建繼嗣。嘉佑七年八月，仁宗下詔，立太宗孫濮王趙允讓的第十三子趙曙為皇子。趙曙這年三十歲，體弱多病，託病而不受皇子。使者往返多次依然不受，使者只好肩輿強行抬入皇宮。

英宗高皇后

第二年，仁宗過世。曹皇后緊閉宮門，安排妥當後方才召皇子趙曙入宮，遺詔嗣位，趙曙大驚失色，叫著「某不敢為，某不敢為」轉身慌忙逃去。曹后、輔臣截住他，解發、被御衣，擁他即皇帝位，便是宋英宗。

英宗昏庸無能，而且一身是病。即位不久，英宗突然得病，不認識人，不能言語，不吃任何食物。第二天，英宗病情加劇，狂號奔走，不成體統，無法理事。曹太后只好垂簾聽政。英宗雖然無所作為，但他的高皇后仁德賢惠，卻是值得一書。

高皇后是亳州蒙莊人。曾祖高瓊、祖父高繼勛，都是趙宋天下的勛臣，官至節度使。母親曹氏，是曹太后的姐姐。高皇后因曹太后的緣故，很小就養在宮中。高氏和英宗同歲，仁宗曾對曹太后說，異日當以婚配。長大後，兩人果然成婚，而且在濮王府邸生下趙頊，即是後來的神宗。另外還生有岐王趙、嘉王趙顥和壽康公主。英宗即位，高氏便被立為皇后。

英宗很寵愛高氏。高氏的弟弟內殿崇班高士林，供奉侍從很久，英宗想給他升官。高皇后執意辭謝，說：「士林獲升朝籍，份量已過，豈宜援先后家比？」神宗即位後尊高氏為皇太后，居寶慈宮。神宗多次要為高太后營建府第，高太后均不同意。最後拗不過，只好選望春門外空隙的地方造府第，只是營繕、百役費用，均是自己出，不費府庫一分一幣。

元豐八年時，英宗病情加重，旋即時好時壞，舉措失度，弄得兩宮成隙，人人恐懼。大臣司馬光、呂海等上疏勸解，雖然詞旨深切，但兩宮還是不能釋然。有一天，韓琦、歐陽脩在簾前奏事，只聽簾後嗚咽抽泣，原來是曹太后在那裡傷感，痛苦流淚。大臣們忙問何故，曹太后泣不成聲，告知是英宗終日瘋癲，行為異常，對自己臨政耿耿於懷，時常出言不遜。韓琦連忙進奏，說皇上這是因為病的緣故，病了什麼都幹得出來，太后得擔待一些。歐陽脩也解勸，說太后事奉先帝數十年，仁德傳遍天下，朝野誰人不知？當年張美人受寵，太后都能處之泰然，今日反倒母子之間不能相容？

太后聽他們這樣一說，心裡寬慰了許多。歐陽脩又進一步勸慰，說：「先帝在位久，德澤在愉，故一日晏駕，天下奉戴嗣君，無敢異同者。今太后一婦人，臣等五六人個措大耳。非先帝遺意天下誰肯聽從？」太后默默無語。韓琦這時卻又加重了語氣，說：「臣等在外，聖躬若失調抒，太后不得辭其責！」這是什麼話？這無異於說皇上一旦有什麼事，唯太后是問！曹太后又驚又氣，憤憤地說：「這是什麼話，兒子有病，我更為關切！」幾天後，韓琦單獨見英宗，英宗說太后對他少恩。韓琦回答說：「自古以來，聖帝明王實在很多，但為什麼就只說舜是大孝？難道其他的帝王不孝嗎？父母不慈而後子孫孝，這是常事，不足稱道。值得稱道的是，父母不慈而子孫又不失孝，這是難能可貴的！但陛下做得如何呢？何況太后仁慈，天下哪有父母不仁慈的呢！」英宗鬧騰了四年，便於治平四年正月在福寧殿去世，神宗即位，曹氏尊為太皇太后，高氏尊為皇太后。

神宗向皇后

神宗即位時二十歲，娶已故宰相向敏中的曾孫女向氏為皇后。當時，北宋已歷一百餘年，危機四伏，困難重重。神宗面對困境，勵精圖治，想革新以挽救危機。然而，元老重臣韓琦、富弼、但琦等因循守舊，對革新態度消極，神宗考慮再三，便決定起用王安石，推行新政。

推行新政當然會觸及一部分人的利益，怨憤便透過種種管道傳到朝廷，以至傳進後宮。太皇太后曹氏就對神宗說：「祖宗法度，不要輕易更改，聽說民間怨聲載道，青苗法應當罷廢。」神宗回答說，青苗法是利民的舉動，不會弄起什麼民怨。太皇太后堅持，說王安石是有才學，但既然怨恨的人多，為保全他，不如暫時迴避，調出京外。神宗耐心解釋，說朝臣倚重王安石，認為他能擔當重任。

但不久，王安石還是罷相，改革失敗。旋即太皇太后曹氏過世，終年六十四歲。高太后主持後宮。元豐八年神宗病重，詔延安郡王趙煦為皇太子。隨即，神宗去世，十歲的趙煦即位，為宋哲宗，高太后為太皇太后，垂簾聽政。

高太后為人儉樸，仁厚明智。英宗在世時她曾多次規諫，匡輔政事。英宗以後，她又以太后的身分告誡神宗、哲宗，要仁民愛物，孝治天下。她常說，一甕酒，醉一宵；一斗米，活十口；在上務要戒奢尚儉。她還拿仁宗的長女即楚國大長公主教訓女兒壽康公主，希望她注重婦德，不要驕縱失禮。大長公主下嫁的駙馬李瑋，是仁宗生母章懿太后即李宸妃的侄子。長公主嫌李瑋笨拙，相貌平常，很不喜歡他。長公主下嫁以後，不禮敬公婆，隨嫁的侍女也極為傲慢，見李家長輩也不拜見。長公主喜歡朝廷住李府的都監梁懷，兩人關係曖昧。有一天，長公主和都監在室內說話，駙馬母親楊太夫人在窗外偷聽，被長公主發現，竟命侍婢毆打楊太夫人。於是，夫妻大吵一場。長公主一氣之下，半夜叩皇城宮門，回宮哭訴。此後，長公主一直住在宮中。這是驕縱失禮，斷送了一生的幸福。

高太皇太后雖然仁德賢惠，但卻比較保守。她輔佐哲宗垂簾聽政以後，便召司馬光入京，命程顥為宗正寺丞，以司馬光為門下侍郎。取聖旨、領聖旨、得聖旨的三旨宰相王矽過世，高太后罷黜新法，貶逐改革人士，大量起用舊黨。結果，保甲法、保馬法、方田法、青苗法、免役法皆罷，章惇、韓縝、呂惠卿、範子淵等一一貶逐。王安石故去，任呂公著為尚書左僕射兼中書侍郎、文彥博為平章軍圍政事、韓維為門下侍郎、程頤為崇政殿說書、蘇軾為翰林學士兼侍讀。「於是以常平舊式改青苗，以嘉佑差役參募役，除市易之法，逭茶鹽之禁，舉邊砦不毛之地以賜西戎，而宇內復安。」高太后的從父遵裕西征失律坐罪，蔡権獻諛請求免於追究，太后嚴加訓斥，並依律治罪。太后說：「吾何敢顧私恩而違天下公議！」蔡権寫〈東蓋亭詩〉獻媚，貶謫嶺表。太后為此對大臣們說：「蔡確自以為有定策大功，在朝恃寵而驕，煽惑生事。我不好明言，只得以獻詩嘲訕皇上，加以驅逐。朝廷乃宗社江山，哪裡能容奸邪怒謗！」因此史書說，高太后「臨政九年，朝廷清明，華夏綏定」。人稱為女中堯舜。

哲宗孟皇后

元七年春天，高太后聘孟氏為哲宗皇后，孟氏是洛州人，是眉州防禦使馬軍都虞侯贈太子尉孟元的孫女兒。孟氏十六歲，端莊美麗，高太皇太后、向太后都很喜愛她，諭旨因稱「孟氏能執婦禮，宜正位中宮」。兩宮太后又以近世禮儀漸趨簡略，敕翰林、參臺諫、給舍與禮官議定六禮，按照六禮冊立皇后。任尚書左僕射呂大防攝太尉，充奉迎使；同知樞密院韓忠彥攝司徒，為副使；以蘇頌、王岩叟為發冊使；蘇轍、趙宗景為告期使；高密郡王趙宗晟、範百祿為納成使；王存、劉奉世為納吉使；梁燾、鄭雍為納采使，隆重地迎娶皇后。

第二年，高太皇太后病死，向太后主掌後宮。哲宗即位時，高太后曾命修葺慶壽宮讓向太后居住，向太后婉辭，說：「安有姑居西而婦處東，瀆上下之分！」可見向太后謹守禮儀，仁心恭敬。宮中選后和諸王納婦，向太后嚴敕向氏家族，不要送女子入選，以免擴張后族。族黨中有人想援例以恩換閤職，向太后嚴詞拒絕，說：「吾族未者用此例，何庸以私情撓公法！」哲宗二十五歲去世，端王趙佶即位，是為徽宗。向太后執政。追復舊黨人文彥博、王矽、司馬光等三十三人。第二年正月，向太后以五十六歲過世。徽宗追懷向太后的仁德，多次加恩太后的兩舅向宗良、向宗回，兩人皆開府儀同三司，封郡王，並自向敏中以上三世，通通追封王爵。

孟皇后臨御中宮時，遇到了強大的挑戰對手，她便是美豔照人極得哲宗寵愛的劉婕妤。孟皇后朝景靈宮，劉婕妤甚至不與諸嬪一同立侍，而是獨自背立簾下。這是公然的蔑視皇后，漠視禮法。侍官陳迎兒喝斥劉婕妤，劉婕妤置之不理，宮人無不憤怒。但哲宗寵幸有加，孟皇后也沒有辦法。

冬至日，孟皇后領宮嬪朝隆宮，給向太后請安。皇后御座朱髹金飾，劉婕妤沒有，很不高興。宮人趕忙換座，和皇后御座同等。眾人憤憤不平。向太后離去，孟皇后起立相送，劉婕妤也站起。孟皇后回座，劉婕妤也得意的坐下，沒想到撲了個空，撲坐在地。原來，越制的座位已撤。劉婕妤恨恨不已，向哲宗哭訴。內侍郝隨勸慰說：「毋以此戚戚，願為大家早生子，此座正當為婕妤有也。」孟皇后沒有兒子，只有一個女兒福慶公主。公主染病，孟皇后的姐姐懂醫，特地入宮替公主看視。藥物無效，又用道家符水診治。孟皇后知道以後，大驚失色，說宮中嚴禁，和外間有所不同。孟皇后就收起符水，等哲宗回宮，告訴了哲宗。哲宗念及這是人之常情，沒加追究。

皇后沒有兒子，皇后的養母聽宣夫人燕氏、尼姑法端、供奉官王堅等很為著急，她們特地為皇后禱祠，期望早得貴子。郝隨、劉友端偵悉此事，祕密奏報哲宗。哲宗下令內押班梁從政、管當御藥院蘇矽查問。逮捕宦官、宮妾近三十人，酷刑榜掠，毀折肢體。孟皇后被廢，遷居瑤華宮，號華陽教主、玉清妙靜仙師，法名沖真。劉婕妤獲勝，繼孟氏立為皇后。但好景不長，不到半年，哲宗就死了。哲宗死後，徽宗即位，北宋這時已走上了窮途末路。徽宗和他的皇后終於國破家亡，流離宮禁。

宋徽宗趙佶和他的兒子欽宗趙桓是北宋的末代皇帝。北宋的江山葬送在他們父子手中，他們自己的命運也很坎坷曲折。

末代皇后

徽宗趙佶是神宗的第十一個兒子，母親陳氏。他生長在深宮，一歲時即授鎮寧軍節度使，封寧國公。哲宗即位，封寧王，旋改端王。元符三年正月，哲宗死，向太后哭泣著對宰相說：「老身沒有子嗣，諸王都是神宗的庶子，應該立誰為帝？」宰相章惇回答：「立長為帝則申王當立。」向太后搖頭，說：「申王有病，不能擔此重任；先帝常常說，端王趙佶有福有孝，而且天性仁孝，可以立為帝。」章惇有些猶豫，惴惴地說：「端王過於輕佻，不可以君臨天下。」話音未落，宰相曾布呵叱說：「章惇聽太后處分！」章惇肅然無語。於是，召趙佶入宮，即皇帝位，為徽宗。向太后臨政，追復舊黨。一年以後，向太后死，徽宗親政。這年徽宗十九歲。

徽宗窮奢極欲，昏庸無道。他親政以後，重用蔡京、王黼、李彥、童貫、梁師成等人，時稱六賊。一意排斥舊黨，定文彥博、司馬光等一百餘人為奸黨，御書銘石，置於端禮門，並毀呂公著、司馬光等人繪像，令臣僚中凡與奸黨姓名相同者通通改名。他還大建宮室，窮極奢麗。他先修景靈西宮，動用大量人力采太湖石凡四千六百塊，又命蔡京蒐羅天下奇花異石，以至每年運送花石的舳艫相接，動輒數十只，號為花石綱，天下為之騷動。

趙佶又命戶部侍郎孟揆在上清寶篆宮東景龍山側築山，仿餘杭的鳳凰山，經六年方才築成。因為山在京城的艮方，即東北方，所以名為艮山、艮岳，又叫萬歲山。四方送的奇花、雜木、異石充斥其間，千岩萬壑，松柏掩映，樓觀臺殿隱約，麋鹿出入其間，景觀奇麗而迷人。

民不聊生，怨聲載道，內有方臘、宋江起義，外有遼、金虎視眈眈，隨時侵擾。大宋可謂危如累卵、大廈將傾。徽宗宣和七年，金滅遼後決定大舉伐宋。九月，金派遣使臣出使宋國，名義上是通報遼主被擒的經過，實際上是刺探軍情。金遣小使到太原見童貫，說商議交割雲中之地，實際上是欺騙大宋，使其不備。但趙佶卻不明事理，相信金使的說法，竟派童貫前往。十月份，金準備停當，便大舉南下，宋竟一無所知。

十二月，金攻燕山，相繼破檀州、薊州，占三河、燕山。金使到達太原，提出速割河東、河北，以大河為界。童貫不知所措，立即馳還汴京。金軍又相繼占領朔州、武州、代州、忻州，又分道南下，直逼宋都汴梁。徽宗大驚失色，朝野震動。徽宗連忙下罪己詔，命天下勤王，金的檄文送達御前，內中指斥徽宗無道。徽宗看後泣下無語，口中只是「休休」不止，決定內禪。宋遣使臣使金，告知徽親內禪並求和。金要求出金三萬兩。徽宗便出內庫金甕兩個，每個為五十兩，銷熔成金牌子送給金使。金使不答應，提出大宋割地稱臣。宋驚懼不已。

汴京人心浮動。主奔、主降、主守、主逃者進行著激烈地爭執。徽宗握著樞密使蔡攸的手，痛苦失聲地說：「我平日性剛，不意金人敢爾！」氣血上湧，梗塞不省，昏迷以至於墜於床下。近侍進奉湯藥，一會兒徽宗甦醒，命隨侍備好筆墨，手書「皇太子可即皇帝位，予以教主道君退居龍德宮」。皇太子趙桓遂於福寧殿即位，為宋欽宗。

金東路軍在南京路都統完顏宗望的指揮下正大舉南下，一路勢如破竹，占領真定、慶源、信德、邯鄲，並於靖康六年正月攻陷浚州，直逼汴梁。宋南岸守橋的軍隊望見金卡，燒斷橋纜就跑。金軍便用小舟五天五夜渡河，河邊竟沒有一兵一卒。完顏宗望笑著說：「南朝真是無人，要是一兩千人守在這裡，我輩哪能渡河！」金兵渡河以後，京師震動。徽宗倉皇南逃，直到鎮江。欽宗見大敵當前，只好答應金人的要求，割地、賠款。金軍得到宋割地賠款的詔書，引軍北還。徽宗以為無事，便又帶著後宮嬪妃，返回汴京。徽宗、欽宗以為從此就可以繼續過他們的太平日子。不料兩年後，金兵又大舉南下，攻破汴京，徽宗、欽宗和后妃、太子、皇子、宗戚通通成為俘虜。

徽宗先後有兩位皇后。第一位是王皇后，開封人氏，是德州刺史王藻的女兒，生欽宗趙桓和崇國公主。王皇后很寬厚，天性儉約。鄭妃、王妃受寵，她處之泰然，待之均平，沒有和她們過不去。大觀二年王皇后過世，僅二十五歲。王皇后死後，鄭氏立為皇后。

鄭氏也是開封人。父親鄭紳，是直省官，因鄭氏封后，累封太師、樂平郡王。鄭氏本來是欽聖殿押班，好色多情的徽宗為端王時，每天在慈德宮朝拜向太后，向太后命鄭、王兩押班供侍，徽宗就看上了鄭、王兩位絕色。徽宗即位，向太后賜鄭氏、王氏。鄭氏入宮後，愛看書，好寫詩文，極得以才子自詡的徽宗的賞識。歷封賢妃、貴妃，在後宮獨享專寵。徽宗還常有詞章答對，後宮為之絃歌。

政和元年，鄭氏繼王氏為皇后。受冊時，有司要創制冠服，鄭氏卻說，正當國用不足，冠珠貴重多費，不如讓工匠改製作妃時的舊冠即可。鄭氏又請罷黃麾仗、小駕鹵簿等儀仗。鄭皇后嚴於律己，也嚴格約束家族。鄭族中鄭居中在樞府，鄭皇后進奏徽宗，說外戚不當干預國政，如果要用，就請在後宮任職，於是，鄭居中罷職。鄭居中後來又復用，鄭皇后進言說，居中和父親鄭紳往還，人都稱其招權市賄，伏請皇上禁絕，並許御史彈劾！

鄭皇后天性端謹，善解人意，仁治後宮。然而，鄭皇后的仁厚挽救不了大宋覆亡的命運。徽宗被迫禪位，趙桓入繼大統，為欽宗，鄭皇后被尊為太上皇后，遷居寧德宮，稱寧德太后。開封祥符人朱氏立為皇后。鄭氏從徽宗南奔南京，金師北退後，又先於徽宗北還。當時，汴京危言四起，說太上皇要在鎮江復位，太上皇后將由端門直趨禁中，內侍要欽宗嚴加防備。欽宗深知鄭太后的為人，執意出郊外迎候，兩人相見後悲喜交集。

汴京被攻破了，鄭氏隨同徽宗、欽宗和整個後宮人等成了金兵的階下囚。一大群金玉之身被押解著，在滾滾黃塵中帶入金營。金主下令，廢徽宗、欽宗為庶人，逼令他們立即脫下龍袍，換上庶人的衣服。一同被俘的吏部侍郎李若水不勝悲慟，痛哭失聲，怒氣衝衝中大罵金人為狗輩！金人冷笑著用刀割斷李若水的舌頭，砍下他的腦袋。李若水在徽宗面前不幸慘死。

徽宗、欽宗貪生怕死，面對赴義殉國的舊臣死於對手，沒有任何的表示，只是乖乖從命。太子被推上了遣送金營的大道，沒有任何反抗，只是哭泣不止，大喊「百姓救我，百姓救我！」黃沙滾滾，塵土蔽日。大宋的皇帝、后妃、皇子、皇孫、諸王、公主和一大群宮娥美女共三千餘人，組成了龐大的俘虜隊伍，流離宮禁，踏上了流亡北漠的征途。他們衣帶相結，迎著漫漫風塵，被金兵押解著，苦不堪言地一路北上，進入荒漠。

負責押解徽宗、欽宗和徽宗鄭皇后、欽宗朱皇后四人的是金將澤利。一路上澤利趾高氣揚，用各種方法侮辱著這大宋的亡國帝后，踐踏和蹂躪他們的人格和自尊。到達新安縣，澤利和縣令一同設宴，大擺酒席，以勝利者的姿態嬉笑玩樂、大吃大喝。澤利酒酣耳熱，興致甚濃。他命令朱皇后在席前唱歌，以助酒興。朱皇后哪裡受得了這等侮辱？可又怕違命後欽宗、徽宗吃虧，朱皇后含著淚，強忍著悲痛，掙著虛弱不堪的身體，哀傷地吟唱：

幼富貴兮厭羅綺裳，
長入宮兮奉尊觴。
今委頓兮流落異鄉，
嗟造物兮速死為強。

歌聲哀婉淒切。澤利聽不懂，醉意朦朧的，只覺得很愜意。他乘著酒興，命朱皇后再唱一首，敬縣令一杯。朱皇后不得已，只好再唱：

昔居天上兮珠宮玉闕，
今日草莽兮事何可說。
屈身辱志今恨何可雪，
誓速歸泉下兮此愁可絕。

兩皇兩后淚流滿面，悲慟不已。這時澤利已醉。他揮著手，要朱皇后坐到他身邊，陪他喝酒。朱皇后哪裡肯答應？澤利站起身，強行拉過朱皇后。朱皇后拚死掙扎，堅決不陪酒。澤利大怒，順手就是一巴掌，打得朱皇后頭暈眼花，撲倒在地。欽宗忍無可忍，怒喝澤利，罵他豈能無禮！澤利抽出刀，準備刺死欽宗。信安縣令連忙解勸，說上令要活著朝見，逼死他們恐怕於將軍不利，澤利這才作罷。

十幾天後到達燕京。四人暫住憫忠寺。幾天後，他們以庶人的身分朝見金太祖阿骨打的同母弟、此時為金主的金太宗吳乞買。吳乞買宣示免他們一死，發放靈州。四人退出以後，關押在一間土室，每天麥飯兩碗，上面蓋幾片腐肉。朱皇后悲傷過度，受盡屈辱，加之飢寒交迫，至此便臥病不起。她躺在冰涼的地上，一聲聲地呻吟著，奄奄一息。欽宗哭著請求派醫生診治，監守不理。三天後，朱皇后痛苦不堪地死在土室，最後被監守用一張草蓆捲走，草草埋葬了事。

徽宗一行三人到達靈州。州令將他們安置在土室，派一些番官、丁役看守。番官藉口搜查凶器，乘機猥褻鄭皇后。鄭皇后要陪侍徽宗，只好忍氣吞聲。他們在靈州自耕自種，淋風沐雨，變得面目黧黑，形容憔悴。任何舊臣恐怕很難一時認出他們就是當年的帝后。一年以後，他們又被遷往汙州、淶州。

宋高宗紹興五年，徽宗、欽宗已作了近五年的俘虜。南邊傳來宋軍大敗金軍的消息，徽宗一行又被解往五國城，這是他們生命的歸宿。他們在五國城生活了很長的時間。在那裡，鄭皇后終於倒下了，永遠地閉上了雙眼。徽宗、欽宗痛泣不已。他們除了心中的哀慟，唯一有的是那又鹹又苦的淚水。不久以後，徽宗熬持不住了，瞎了一隻眼睛。第三年，徽宗雙目失明。南返的希望此時已徹底破滅。他的重返故國山河的美夢也因之化為泡影。徽宗絕望了，心如死灰。他白天枯坐著，晚上倦伏在草墊上，完全像一個死人，徽宗就這樣默默地在異國他鄉中死去，終年五十四歲。

徽宗死後，欽宗還頑強地活著，希望能返回國土，重歷大好河山。他一個人熬過了漫長的二十一年，度過了二十一個苦難悲痛的歲月。南宋高宗紹興二十六年，金帝完顏亮興兵伐宋。大閱兵馬時，金帝命令讓欽宗作箭靶，用亂箭射死，然後讓群馬踐踏，蹂之於泥土之中，終年五十六歲。欽宗真是把生命看得太重，像他這種可悲可憫的死法，實在是大宋的悲哀，令人嗟嘆和傷感。

南宋的皇后與皇妃

高宗二皇后

靖康二年汴京破後，徽、欽二宗被俘北去。徽宗的第九個兒子康王趙構於同年五月在南京（河南商上）即位，改元建炎，史稱南宋。趙構即為南宋的第一位皇帝宋高宗。

高宗的首任皇后是邢氏，開封祥符人，朝請郎邢煥的女兒。高宗為康王時，聘入王府，封嘉國夫人。康王出使，邢氏留居蕃衍宅。金人南犯京師，破汴京，俘獲徽、欽二宗和後宮三千餘人，邢氏也在其中。徽宗遣曹勛南歸，邢氏摘下金環，派內侍交付曹勛，說「幸為吾白大王，願如此環，得早相見也」。高宗在南京即位，遙冊邢氏為皇后，並給邢氏家族二十五人封官。

邢氏被俘北去以後，也被押到了五國城。紹光九年，邢皇后在五國城死去，終年三十四歲。金人隱祕邢皇后的死訊，致使高宗虛位中宮，長達十六年。直到顯仁太后韋氏返回南宋，這才真相大白。

紹興十年，金兀朮興兵南下。岳飛大敗金軍，取得大捷，金兵北撤。秦檜和高宗殺死了岳飛，金人酌酒稱慶。南宋與金屈和，趙構接受四個屈辱的條件：對金奉表稱臣；

年貢銀二十五萬兩、絹二十五萬匹；割唐、鄧、商、秦西州；殺死抗金主帥岳飛。趙構唯一的條件是歸還徽宗、鄭皇后、邢夫人的屍體和韋賢妃。高宗趙構振振有詞地說：「朕有天下，而養不及親，徽宗無及矣。今立信誓，明言歸我太后，朕不恥和。」高宗趙構在使臣臨行前，告誡和談使臣何鑄、曹勛，說他北望庭闈，無淚可揮，希望他們見到金主以後，對金主說：「慈親之在上國，老人耳，在本國所繫甚重。以至誠說之，庶彼有感。」兩年後，高宗的母親韋氏連同三口棺材自金運到南都臨安。

邢皇后確知死於敵國以後，高宗立吳氏為皇后。吳氏也是開封人，父親吳近，沒什麼官，因吳氏立為皇后累遷武翼郎，贈太師。吳皇后沒出世時，吳近曾做了一個夢，夢中他來到一座亭旁，亭上遍書侍康，亭邊桿滿了芍藥，獨有一枝怒放，鮮豔可愛，花下還躺著——只白羊。吳近驚醒以後，大為詫異。不久，吳氏便降生人世。出生時，史稱紅光照室。

吳氏十四歲時，選入康王宮中。人稱這是侍康之征。康王即位為高宗，吳氏常以戎服侍從高宗左右。吳氏頗習詩書，有膽有識，機智多變。高宗在位時，有一次衛士叛亂，問吳氏高宗何在，吳氏機智地騙過了衛士，使高宗免於一死，很快平息了叛亂。

高宗出遊時，常以吳氏侍駕。高宗有一次泛舟航海，有魚躍入御舟，吳氏打趣說：

「這是周人白魚之祥！」（史說，白魚之舟是周武王奉天命伐紂。後以白魚八舟喻用兵必勝。）高宗聞言大喜，當即封吳氏為和義郡夫人，旋進封才人。吳氏不離書史，終日博習，又長於翰墨，因而很得高宗的喜愛，每日不離左右。吳氏和張氏並受寵幸，封婉儀，後進封貴妃。

顯仁太后韋氏回到南都，告知邢皇后早已過世。秦檜等累表請高宗冊立皇后，正位中宮。太后韋氏也很同意，並十分喜愛吳氏。紹興十三年，高宗遂立吳氏為皇后。太后韋氏天性整肅，不苟言笑。吳氏侍承韋后起居，順適其意。韋太后極為喜歡。吳皇后還繪〈古列女圖〉，放在座右，引為鑒戒。她又取《詩序》的序義，書堂室的匾為賢志。

高宗一直沒有子嗣，命張貴妃養宗室子趙伯琮於宮中。吳皇后當時是才人，也請養宗子伯玖，更名伯璩。張氏死後，伯琮、伯璩都由吳皇后撫養，視如己子。伯琮天性恭儉，愛讀書，高宗、吳后都很喜愛。吳皇后說：「伯琮有天子之表，可立為太子。」高宗遂立伯琮為太子，即後來的孝宗。

高宗內禪，自稱太上皇，詔稱吳后為太上皇后，遷居德壽宮。孝宗即位，尊吳氏為壽聖太上皇后。高宗死，遺詔稱吳氏為皇太后。孝宗想迎回吳氏，讓她住在宮內。吳氏以高宗幾筵在德壽殿，不忍離去，便名所御殿室為慈福殿，住在那裡。孝宗內禪，光宗即位。吳氏尊為壽聖皇太后。孝宗死，光宗有疾不能執喪，吳太后臨朝聽政。光宗禪位，太子趙擴立，為宋寧宗，吳太后退還後宮。不久，吳太后去世，終年八十三歲。

孝宗三皇后

孝宗有三位皇后，即開封祥符人郭氏、袁州宜春人夏氏、丹陽人謝氏。郭氏是真宗郭皇后外家的六世孫，生興宗和莊文太子趙愭、魏惠憲王趙愷、邵悼肅王趙恪。三十一歲時郭氏去世，後來，追封為皇后。夏氏、謝氏都是高宗吳皇后的侍御，賜賞給孝宗。夏氏能寫大字，善於騎射，很得高宗和孝宗的喜愛。謝氏天性儉約，穿粗布衣，甚至多年而不更換，她也因此而約束後宮，嚴禁驕侈。

光宗李皇后

光宗的李皇后是安陽人氏，是慶遠軍節度使贈太尉李道的女兒。據說，李氏出生時，有黑鳳集聚在李道的營前石頭上，李道大為奇怪。李氏出生，李道便給女兒取名為鳳娘。李道出師湖北，聽說道士皇甫坦善於看相，於是請道士替女兒看相。皇甫坦見後，大驚失色，不敢受李氏一拜，說此女當母儀天下。皇甫坦為此進言高宗，高宗聘李氏為恭王妃，封榮國夫人，進定國夫人。乾道七年為皇太子妃。

李氏天性悍妒，不容太子寵幸高、孝兩美人。李氏常醋性大發，鬧得宮禁不寧。高宗聽說後，感嘆地對吳皇后說：「是婦將種，吾為皇甫所誤！」孝宗為此還訓斥她，讓她以皇太后為法，不然的話，就廢掉她。光宗即位以後，李氏冊當皇后。她向孝宗提議，立兒子趙擴為太子。孝宗不許，她恨恨地說：「妾六禮所聘，嘉王趙擴是妾親生，何為不可！」孝宗大怒，李皇后便拉著趙擴，在光宗面前哭泣，並說孝宗想廢立皇后。光宗此後就不朝拜太上皇孝宗。

李氏主掌後宮，對光宗管得極嚴。有一次，光宗在宮中洗手，看見捧水盆的宮女手指纖細，白嫩可愛，光宗非常喜愛，讚歎不已。第二天，李皇后派人給光宗送呈食盒，光宗打開一看，盒中就是那雙捧送水盆的玉手。光宗寵愛黃貴妃，喜愛她的嫻靜美麗。光宗效祀宗廟時，夜宿齋宮，李皇后便派人殺死了黃貴妃。據說，這一夜風雨大作，黃壇燭光盡滅，不能成禮。光宗怕風的痼疾因此加劇，自此政務便由李皇后裁決。

李皇后為人驕縱，臨政後封李氏之父為王。李氏的家廟也踰越規制，衛兵多於太廟。李皇后歸謁家廟時，竟推恩家族二十六人、使臣更達一百七十餘眾，連李氏的門客也紛紛補官。

光宗遭李皇后離間，很久不見太上皇。朝野為此疑駭。紹熙四年九月重陽節，宰相、大臣、侍從、臺諫等官，連章請求光宗過宮，拜見太上皇。紹事中謝深甫直言說：「父子至親是人倫天理；太上皇愛陛下，就像陛下愛兒子嘉王；太上皇年事已高，一旦駕崩，陛下將以何面目見天下？」光宗於是感悟，命駕朝重華宮。

這時，李皇后出來了，軟語輕聲地對光宗說，外面天寒地凍，請官家先入內喝點酒。光宗隨李皇后往內走。百僚、侍衛相顧大驚，可誰也不敢出一言。中書舍人陳傅良拉著光宗的衣服，請求光宗不要入內，馬上移駕重華宮，一直追到屏風後。李皇后怒喝說：「這是什麼地方，你個窮秀才想切腦袋？」陳傅良痛哭不止。李皇后派人責問陳傅良，說這是何禮？陳回答說：「子諫父不聽，則號泣而隨之！」李皇后越發大怒，立即傳旨罷朝，拉著光宗回到後宮。直到孝宗過世，光宗都不在孝宗身邊，也不能親執喪禮。宰相趙汝愚便謀內禪，奉太子即位，為寧宗。

寧宗韓皇后

寧宗趙擴的韓皇后是忠獻王韓琦的六世孫。她是和姐姐一同進宮的，很得太后的喜愛。寧宗即位，韓氏由崇國夫人進封為皇后，慶元六年卻不幸死去。韓皇后死，中宮虛位，當時有楊貴妃和曹美人得寵。大臣以楊貴妃精於權術，曹美人天性柔順，勸寧宗立曹氏為皇后。但楊貴妃知書達禮，通貫古今，又為人機警，很得寧宗的喜愛，楊氏因而被冊為皇后。

理宗謝皇后

寧宗死後，趙貴誠即位，為宋理宗。理宗的皇后是天臺人謝道清。謝道清本來又黑又醜，還瞎了一隻眼，可是在冊立皇后的迎娶途中，謝氏突然得了一場大病，隨即皮膚脫落，露出一身潔白如玉的皮膚。吃過藥後，謝氏瞎了的一隻眼，也竟奇蹟般復明。一眨眼間，謝氏由一個醜女變成了一代絕色佳人。這真是千古奇蹟。

當時入選時，和謝競爭的有賈涉的女兒賈氏，長得很秀麗。理宗喜歡賈氏，想立賈氏為皇后。楊太后卻說，謝女端莊有福，宜正位中宮。朝中也議論四起，說：「不立真皇后，乃立賈皇后邪？」於是，謝道清在天意愛幸中，被立為皇后。賈氏立為貴妃。賈貴妃專寵，旋又閻貴妃專寵。謝皇后對此泰然自若，養侄子趙孟啟於宮中。理宗死後，趙孟啟即位，為宋度宗。

度宗全皇后

度宗皇后是會稽人全氏，是理宗的母親慈憲夫人的侄孫女。全家抵抗蒙古兵守衛潭州有功。理宗替度宗選妃，召見全氏，對她說：「你的父親錢昭孫，昔在寶間，沒於王事，每念之，令人可哀！」全氏回答說：「妾父可念，淮、湖之民尤可念也。」理宗大為詫異，對大臣說：「全氏女言甚令，宜配塚嫡，以承祭祀。」於是立為皇后。

度宗在位十一年便死去，建國公趙是年長當立。但宰相賈似道貪權，力主立年僅四歲的趙顯。趙顯即帝位，謝太后臨朝聽政。幾個月後，元軍分兵南下，鐵蹄奔馳於大江南北，勢如破竹，南宋至此奄奄一息。一年以後，元軍破臨安，謝太后和恭帝趙顯被俘。元封趙顯為瀛國公。南宋至此滅亡。

韋皇后

韋賢妃是開封人。她是宋徽宗的妃子，是南宋第一代皇帝宋高宗趙構的母親。韋氏最初入宮時，只是一個普通的侍御。徽宗崇寧末年，才引起徽宗趙佶的注意，封平昌郡君。韋氏嫻靜美麗，聰明機敏，漸漸贏得了風流天子徽宗的喜愛。大觀初年，韋氏進婕好，累遷婉容。大觀六年五月，生趙構於東京皇宮。

靖康六年，進封康王的趙構使金議和。趙構字德基，是徽宗的第九個兒子。他出生時，徽宗二十五歲。他天資聰敏，博學強記，讀書常日誦千言，挽弓達一百二十餘斤。他出使金宮議和時，剛滿二十歲。由於他身負重任，代表大宋出使敵營，因此，他的生母韋氏便進封為龍德宮賢妃。賢妃是妃嬪中的第二級，僅次於貴妃。

靖康六年十一月，金兵再攻北宋，南下圍攻汴京。欽宗命趙構為河北兵馬大元帥，率兵入衛京師。趙構軍前讀詔，泣不成聲，兵民感動悲泣不已。然而，金兵來勢凶猛，勢如破竹，趙構無能為力。金軍攻破汴京，徽宗、欽宗及後宮嬪妃三千餘人被俘。韋賢妃也在被俘之列。

靖康二年二月，趙構領兵十一萬，屯紮濟州、濮州。金人知道以後，命趙構還京，趙構置之不理。三月，金立宋大臣張邦昌為帝，國號大楚。趙構聞訊慟哭，痛恨不已。四月，金虜徽、欽二宗和后妃宮女三千北去。張邦昌迫於眾怒，遣使致書趙構，「臣封府庫以待，臣所以不死者，以君王之在外地也」。

侍從勸趙構即位，趙構不同意，張邦昌便迎哲宗元皇后垂簾聽政。元佑皇后遣使迎接趙構，並手書告白天下，稱趙構入主大統，希望中外協心，共定安危。五月，趙構便

四、兩宋皇妃

在南京（河南商口）即帝位，改元建康，史稱南宋。

韋賢妃風塵僕僕，夾在龐大的俘虜隊列中。她們逶迤而行，流落北漠，心中苦不堪言，被俘的屈辱是無法言表的，更何況是女子，是曾經錦衣玉食的後宮主人，是真龍天子視為金枝玉葉的嫻靜愛妃。韋賢妃強忍著淚，含垢忍辱，苟且偷生，期望有回歸大宋的一日。

趙構即帝位後，於建炎五年，遙尊韋氏為宣和皇后。封韋氏的父親安道為郡王，另授韋氏家屬官三十人，並遣使問訊不絕。

十年後的紹興七年，企盼著南歸的鄭皇后和徽宗趙佶已相繼去世。宋使何蘇出使金國，回宋後將這不幸的消息告知高宗，高宗痛哭失聲，悲慟不已。高宗告諭輔臣說：「宣和皇后（鄭皇后）春秋高，朕思之不遇寧處，屈已講和，正為此耳。」翰林學士朱震引唐建中故事，請求遙尊鄭氏為皇后，高宗允準。接著，太常少卿吳表臣請依嘉、治平（嘉，仁宗年號。治平，英宗年號）故事，等三年喪期結束後，再予舉行。於是，先降御札，布告天下。鄭皇后三代遍封王爵。

徽宗、鄭皇后的去世對高宗震動很大，他馬上想到了生他、養他的母親韋氏，不免肝腸寸斷、撕心裂肺。十年生死兩茫茫，不思量，自難忘。何況他們這樣的母子？何況他的母親以貴妃、太后的身分被擄掠到敵國，哪還會有舒服的日子？高宗只想偏安江南，不思北取，不思報仇雪恨，但他的母親卻時常牽掛著他，他要不惜江山社稷，換回自己的母親。

高宗於是終日顰蹙頓足，喃喃自語：「如果金人答應我的要求，讓母親南歸，我什麼條件都可以答應！（金人若從朕請，余皆非所問也！）」宋使頻繁交涉，最後，宋使王倫帶回消息，說金人同意韋氏南歸，但必須答應四個條件：宋對金奉表稱臣；宋每年進貢銀二十五萬兩，絹二十五萬匹；宋割唐、鄧、商、秦四州；宋殺抗金大將岳飛。

高宗痛快地答應了四個對南宋人民以及趙宋國破家亡的宗室來說都是極其屈辱的條件，殺死了收復了大片江山、令金兵聞風喪膽的岳飛——岳飛和無數奮戰沙場的將士信奉著精忠報國、為國捐軀，可是，國是什麼呢？報國無門，反而被這所謂的「國」出賣！高宗換回的是徽宗、鄭皇后、邢夫人的屍體以及他的母親韋賢妃。

高宗理直氣壯地說：「我臨御天下，富有四海，可我不能好好地尊著自己的雙親。父皇徽宗已是故去了，沒有辦法，母親卻還在，我立下誓言，只要金人歸還我母親，我不惜屈辱講和。」高宗還對宋使何鑄等叮囑，說他北望庭闈，已經流乾了眼淚，望他們見到金主以後，告訴金主，說母親在上國，不過是一個老人而已，而對於宋，卻是關係重大，一定要至誠述說，感動金主！

紹興十二年八月，韋賢妃流落北漠達十五年後，隨同三具棺材，一同到了南都臨安。高宗不勝興奮，大赦天下，並認為秦檜殺岳飛有功，進封太師、魏國公。大宋後宮為成為金的屬國迎回了太后而舉宮歡慶——深宮外則揮灑著無數愛國志士屈辱和辛酸的血淚。

韋賢妃一行是四月動身的，整整行走了四個月。她們在金使高居安、完顏宗賢的扈從下，經燕山，自東平舟行，然後由清河直達楚州，渡過淮水。高宗命參政王次翁為奉迎使，會韋太后的弟弟安樂郡王韋淵、奏魯國大長公主、吳國長公主恭迎於淮水大道。高宗親自移駕臨平奉迎，普安郡王、宰相大臣、兩省、二衙管軍等侍從。臨平母子相會是感人至深的，兩人抱頭悲泣，樂極而悲。到達臨安後，韋氏迎入後廷，住慈寧宮，又開始了錦衣玉食、鐘鳴鼎食的生活。中外輟樂的詔書至此弛禁，天下同樂。高宗陪同母親進謁家廟，韋氏家族遷官達兩千人。

高宗是一位孝子，但卻是國家的叛逆，民族的罪人。當臣於國於家忠孝不能兩全的時候，國家要求臣民要屈孝盡忠，無悔於一個臣民對於國家的職責。那麼，對於皇上而言呢？豈不更應該如此？如果他連一個普通臣民應該做的都做不到，還奉他為一國之尊幹什麼？他已失去了臨御天下的資格。

韋氏是無罪的，值得尊敬。她被俘於敵國十五年，不卑不亢、始終保持著一個泱泱大國賢妃和太后的自尊。當金人同意梓返宋時，韋氏怕金人反悔，立即招呼侍役，準備啟程。當時正值北漠盛暑，金人不大樂意。韋氏怕又生變故，便於途中假稱有疾，請求待涼爽一點兒再行。同時，韋氏答應金使得黃金三千兩，犒賞眾人，於是，途中沒有怨言，諸事很順。

韋氏在北漠，知道一些韓世忠抗金大捷的事跡。到臨平母子相見以後，韋氏立即提出召見大將韓世忠，好生慰問。回到後宮後，高宗侍奉韋太后，常常半夜不捨離去。韋太后便說：「你不必這樣，早些去，聽朝很早，恐怕妨礙國家大事。」韋后又告戒高宗說：「兩宮后使，宜會通用；不然，則有彼我之分，而妄人間言易以入也。」韋氏回宮以後，高宗還沒有再立皇后。韋氏多次請高宗冊立，高宗心孝，請母后降道手書，就是說由韋太后選立，降書天下。韋氏回答說：「我只知家事，外庭的事不是我當干預的（我但知家事，外庭非所當預）。」冊立皇后時，宮中的一應典禮儀制，韋太后非常熟悉，宮人無不欽佩。高宗為了韋太后安寧長壽，還特地告誡隨侍宮人，「太后年已六十，唯優遊無事，起居適意，即壽考康寧；事有所闕，慎毋令太后知，第來白朕（即太后事高，報喜別報憂，壽終正寢就行）。」七年以後的紹興十九年，韋太后七十歲。後宮張燈結綵，慶賀太后萬壽，親屬各遷官一等。後來，太后身體不適，累月不出殿門。牡丹盛開，高宗入內問候太后，請太后賞花。太后拄著龍杖，漫步在綠葉紅花之間，悠然自得，感到很高興。太后於是在花園設宴，盡一日之歡。太后為眼病所苦，高宗請來了御醫皇甫坦，治好了太后的眼病。太后過著她愉快的晚年。

這樣又過了十年，即紹興二十九年，太后八十大壽。宮中又舉行了盛大的慶壽禮，韋氏親屬又各遷官一等。庶人凡九十以上、宗室子女貢士以上父母年滿八十的，均封授官職。隨後，太后臥病不起，高宗罷朝，敕書輔臣祈禱天地、宗廟、社稷，保太后平安。天意無可挽回，太后終於死於慈寧宮，韋氏親屬進契十四人，授官三人。

一元妃李師兒一

元妃李師兒出身微賤，父親李湘，母親王盼兒，都是寒庶小民。李湘獲罪，全家沒入宮籍監。金世宗大定末年，李師兒以監戶的女子選入宮中，成為一名宮女。宮中宮女很多，每年要選一些聰明伶俐的宮女接受宮教，以便選取最為優秀的侍候皇帝和后妃。李師兒聲音清脆，音色圓潤，善解人意，侍候體貼入微，李師兒便被選出接受宮教的學習。

金代宮中規定，宮教時用青紗作為障蔽，把宮教官和宮女隔開。宮教官在帳外，宮女在帳外，宮教官和宮女不准見面。如果宮女有些字不認識，或者想問字義和文義，則隔著紗帳，在帳內映著紗，指字給宮教官請教，宮教官在帳外口說陳述，教導宮女。所以，金代宮教時，宮教官和宮女始終不認識，他們是透過聲音來完成學業、教授知識的。

當時，教授李師兒一群宮女的宮教官名叫張建。張建在教授學業中，知道有一位宮女天資聰穎，極善領解。張建不知道這位宮女是誰，但知道她的聲音獨特，很清亮圓潤。有一次，金章宗來到宮教場所，問宮教官張建，宮教女子中有誰可調教。張建回答說：「就中聲音清亮者最可教。」章宗選出這位女子，留在身邊，她就是李師兒。

張建字吉甫，蒲城人氏。明昌初年他以才行授絳州教官，進而選為宮教官，應奉翰林文字。金章宗曾賜賞張建詩文，詩中有：「從今畫錦蓬峰，三樂休誇榮啟期。」張建因此榮顯士林。張建慧眼識人，章宗又知遇張建，可見章宗非凡的眼光和見識。張建自號蘭泉老人，有集子行世，同時任宮教的宮教官還有毛麾、朱瀾。

章宗雅好文事，對詩文出眾的文士很禮重，對才華橫溢的女子當然更是愛增不已。宦官梁道很敬重李師兒，嘆服李師兒人品端莊，文才華美，力勸章宗納李師兒為妃。章宗召幸李師兒，知道這位外貌平常的女子慧黠過人，通文識字，悉達文義，體貼入微。

章宗日益愛幸，越來越喜歡李師兒。明昌四年，章宗封李師兒為昭容，次年進李師兒為淑妃。李師兒的父親李湘也被迫贈金紫光祿大夫、上柱國、隴西郡公。連祖父、曾祖父也被一一追贈。

李師兒的哥哥李喜兒曾經為盜，此時因李師兒見幸，李喜兒和李師兒的弟弟李鐵哥同被選為近侍，哥倆勢傾朝野，風采驚動四方，以致朝野騷動，射利奔竟之徒爭趨其門。南京李炳、中山李著都與李氏兄弟通譜系，拜認同宗，結果超擢重官，富貴無比。胥持國因忠心依附，出任宰相，終日怙財固位，弄得朝議洶洶，上下紛然。

朝野奔竟趨附如江河奔瀉，勢不可擋。但朝中也有一些潔身自愛的中流砥石，李炳認宗任按察，李著為翰林，高平人李晏則拒認同宗，以正直在士林立身。李晏自經義進士歷御史中丞、禮部尚書、昭義節度而致仕，死後謚文簡，一生清白，不染纖塵。元好問說，李晏是世宗藩邸舊臣，以文才出眾，召入翰林，授以學士，其高文大冊，獨步當世。李晏〈高麗平州中和館後草亭〉詩極為有名，也道出了他的人品和修為：

藤花滿地香仍在，松影拂雲寒不收。
山鳥似嫌遊客到，一聲啼破小亭幽。

李晏不依附奔竟，但也不惹是生非。朝中大臣姬端修、董師中、圖克坦鎰、田庭芳等則明辨是非，大膽地直言進奏。姬端修字平叔，汝州人，本姓宗氏，避睿宗諱改姓。世宗時中進士，章宗承安初年出任御史。姬端修上書進諫，伏望章宗遠離小人。章宗召見他，問小人是誰。他回答，是李仁惠兄弟。章宗訓斥了李喜兒，但僅此而已。其他幾位進諫情形也大體相同。

章宗欽懷皇后去世以後，中宮長久虛位。章宗想立李師兒為皇后。但金歷代皇后，都是出自圖克坦、唐括、富察、納喇布、赫舍里、烏凌河、烏庫里幾家名門望族，而李師兒出身寒微。大臣臺諫堅決反對。章宗大怒，杖御史姬端修七十，御史大夫張、侍御史路鐸一併降官。儘管如此，朝野依舊反對，章宗作出讓步，進李師兒為元妃，但勢位顯赫，和皇后沒有什麼不同。

這一天，章宗大宴宮中。優人玳瑁頭在御前排戲。有人問：「上國有何符端？」玳瑁頭回答：「汝不聞鳳凰見乎？」又問：「知之，而未聞其詳。」玳瑁頭回答：「其飛有四，所應亦異。若向上飛則風雨順時，向下飛則五穀豐登，向外飛則四國來朝，向裡飛則加官進祿。」章宗大笑罷。

章宗為何如此愛幸李師兒？劉祁《歸潛志》中說，李氏小時給事太后，章宗看見她，非常喜歡，於是大加恩寵，嬖以專房。接著拜為元妃，勢敵正后。李氏姿色不甚美麗，但天性聰穎，能迎合人主意，以此見幸於章宗。李氏最初不大知書，後來見章宗好文事，便習文練詩，很得章宗的寵愛。

李氏在昭明觀後建有一座妝臺，章宗常和李氏在妝臺露坐，沐風賞月。妝臺目睹著兩人的恩愛，也記錄著兩人的許多趣事。有一天，章宗擁著李氏，坐在臺上，即興吟道：「二人土上坐。」李氏應聲答出：「一月日邊明。」這真是千古絕對。這樣的對句真是很難得到，難怪章宗寵愛李氏，冠絕後宮。於是，有這樣一首〈妝臺詩〉：

> 廢苑鶯花盡，荒臺燕麥生。
> 鉛華如逝水，粉黛憶傾城。
> 野菊金細小，秋潭石鏡清。
> 誰憐舊時月，曾照日邊明。

章宗欽懷皇后和其他妃姬生有幾個皇子，但都兩三歲或幾個月就夭折。承安五年，章宗繼嗣未立，有些焦急，便隆重地禱祀太廟、山陵。少府監張汝猷進奏說，皇儲未立，乞聖主親行祀事以後，遣近臣詣諸岳觀廟、以隆祈禱。章宗便下詔司空前往亳州祈禱太清宮，繼而改遣刑部員外郎完顏匡前往。一年後，即泰和二年八月，李元妃生皇子忒鄰。群臣上表恭賀。章宗在神龍殿設宴，大宴群臣，五品以上坐殿中，五品以下坐東廡。詔平章政事圖克坦鎰賀謝太廟、右孫完顏匡報謝山陵，又派使前往亳州報謝太清宮。

皇子忒鄰滿月，章宗賜名，封他為葛王。葛王是世宗當初的封號。世宗大定以後，這個封號不再賜賞大臣，所謂三等國號無葛。實際上，葛王已是太子的代稱。忒鄰滿三月，章宗下敕放僧道度牒三千道，在玄真觀設醮，替忒鄰祈福。接著，章宗親御慶和殿，替皇子沐浴，並下詔百官用元旦節的隆重大禮儀進酒稱賀，五品以上進獻禮物。但至愛之下，一味的亂折騰，忒鄰剛滿兩歲就不幸死去，章宗和李妃痛心疾首。

泰和八年，承御賈氏和范氏兩位美人懷孕，章宗卻臥病不起。衛王完顏永濟看望章宗。永濟是章宗最為敬愛禮重的叔父。章宗想要衛王嗣位，衛王堅決辭謝。章宗調笑說：「叔父不欲作主人，遽欲去耶」？元妃侍候在旁，聽後心如刀割，對章宗說：「此非輕言者。」十一月，章宗病重。元妃和黃門李新喜議立衛王，派內侍潘守恆立召衛王入宮。潘守恆說這等大事應召大臣商議，便召平章完顏匡議事。完顏匡是章宗時禮重的重臣，曾是顯宗的侍讀，資格最老，功勛卓著。完顏匡入宮後，共議衛王即位。章宗去世，留下遺囑：「朕之內人現有娠者兩位，如其中有男，當立為儲貳；如皆是男，擇可立者立之。」衛王完顏永濟即位。即位第一年，即大安元年二月，章宗內人范氏遺腹損失。完顏永濟忙頒詔天下，講明原委：

「章宗皇帝以重器界躬，遺旨謂掖廷內人有娠者兩位，如得男則立為儲貳。申諭多方皎如天日。朕雖涼非，實受付託。思克副於遺意，每曲為之盡心。擇靜舍以居，懿親而守視。欽懷後母鄭國公主及乳母蕭國夫人晝夜不離。昨聞有爽於安養，已用軫命大臣專為調護。今者平章布薩端、左函孫即康奏言，承御賈氏當以十一月免乳，今則已出三月，來事未可度知。范氏產期，合在正月，而太醫副使儀師顏言，自年前十一月，診得范氏胎氣有損，調治至今，脈息難和，胎形已失。及范氏自願於神御前削髮為尼。重念先皇帝重屬大事，豈期聞此？深用怛然。今范氏既已有損，而賈氏猶或可冀，告於先帝，原降靈禧，默賜保全，早生聖嗣。尚恐眾庶未究端由，要不匿於播敷，使咸明於吾志。」一位有孕的宮人動了胎氣，竟至如此鄭重地頒發詔書，曉諭天下，真是絕無僅有。兩個月後，完顏永濟便下令殺死元妃李氏和有孕的宮人賈氏，委完顏匡為尚書令，再度鄭重頒詔：「近者有訴李氏潛計負恩，自泰和七年正月，章宗暫嘗違豫，李氏與新喜竊議，為儲嗣未立，欲令宮人詐作有孕，計取他兒偽稱皇嗣。遂於年前閏月十日，因賈承御病嘔吐，腹中若有積塊，謀令賈氏詐稱有身，俟將臨月，於李家取兒以入。月日不偶，則規別取，以為皇嗣。」這可真是千古奇事。章宗臨終前就已確知有兩位美人賈氏、范氏有孕，並遺詔寫得明明白白，在這裡竟一切都推倒了，還說這自始至終都是元妃李氏的花招。完顏永濟人品如何，在這等大事上是否忠誠坦直，李氏和賈氏是真如詔書所稱謀位有詐，這些都在正統史書的文字記載之外，於今無法得以證實，真相也就無從確知。但可以推測的是，賈氏、范氏有孕可能是真實的。永濟稱賈氏有詐，矛頭先是指向元妃李氏，然後才是指向賈氏、范氏和她們可能生出的兒子。就當時的情況來說，元妃李氏在宮中、朝中多年經營，勢力很大，私黨密布，永濟要想江山永固，就得除掉元妃。遺詔明示天下是一旦生下了皇子，不管是有孕的賈氏或范氏，都將繼承皇位，這無疑對於剛剛坐上至尊皇位的永濟來說覺得很彆扭，也無法容忍。因此，可以推測，永濟之所以小題大作，之所以將不該公布的宮禁隱私以詔書的鄭重形式頒示天下，是他一手操縱和精心安排的，他想將他的私心掩蓋在維護皇族、明察秋毫的幌子之下，以此答覆天下。

永濟最後在詔書中是這樣安排這場騙局的前後經過的：元妃李氏正在精心策劃時，章宗不幸去世，謀劃一時來不及施行；章宗彌留之際，命平章完顏匡都提點中外事務，明旨有兩宮人有孕，並召進平章，左右人等都聞其語；李氏和黃門李新喜不敢不依敕旨，想召李喜兒、李鐵哥兄弟入宮，但時間來不及；李氏便密與提點近侍局烏庫里慶壽定計，但議復不定，一時拿不定主意；李氏得知近侍局副使圖克坦札克遺人立召平章，而且平章已到了宣華門外，便「始發勘，同平章入內，一遵遺旨，以定大事。方先帝疾危，數召李氏，不到。索衣，亦不即來，猶與其母私議。先皇平昔或有幸御，李氏嫉妒，令女巫李定奴作紙木人、鴛鴦符以事厭魅，致絕聖嗣。所為不軌，莫可殫陳。事既發露，遣大臣按問，具優。使宰臣往審，亦如之」。

元妃李氏真如詔書所言，那就真正死有餘辜了。永濟還鄭重其事，派大臣、宰相一審再審，每審具實。在罪證確鑿的情況下，有司奏請論罪法當極刑，但永濟念她久侍先帝，想網開一面，免她一死。於是，王公大臣、朝野百僚都不同意，主張立即將她處死，這樣便賜李氏自盡。王盼兒、李新喜各正典刑。李喜兒、李鐵哥追除復系監籍，安置遠地。各連坐人等依法律而行。承御賈氏也賜盡。

永濟用這樣洋千言的詔書答謝天下，自己當然就可以江山永固，而不是什麼代行皇帝事。這件事連諱莫如深的史書也不敢太含糊其詞：「或謂完顏匡欲專定策動，構致如此。」這件事是否是真相，還是一個謎。但李氏從此以後，便不再稱元妃，而是直呼李師兒。

四年後，永濟的江山傾覆。胡沙虎殺死永濟，擁完顏珣即帝位，為金宣宗，永濟降為東海郡侯。宣宗頒詔說：「大安之初，頒諭天下，謂李氏令賈承御虛稱有身，各正罪法。朕唯章宗聖德聰明，豈容有此欺紿。近因集議，武衛軍副使兼提點近侍局完顏達、霍王傅大政德皆言有冤。此時達職在近侍，政德護賈氏，所以知之。朕親臨問，左證其事曖昧無據，當時被罪貶責者，可俱令放免還家。」李師兒家族倖存者得以復職回京。

四、兩宋皇妃

五、元明皇妃

元末代皇后

元順帝答納失里皇后欽察氏，是太師太平王燕鐵木兒的女兒。至順四年，答納失里立為皇后。這一年，燕鐵木兒因縱慾而死去。順帝是明宗的長子，他得以繼承大統，是得力於文宗卜答失里皇后。文宗在至順三年死於上都。卜答失里皇后按遺命立明宗兒子繼位，但在立長子和次子上，權臣主張立年僅七歲的次子懿麟質班，次子得立，為元寧宗。四十三天以後，寧宗不幸死去，大臣請立太子燕帖古思。尊為皇太后的卜答失里說：「天位至重，吾子尚幼，明宗長子妥帖睦爾在廣西，今十三矣，理當立之。」於是，於次年立為帝。卜答失里尊為太皇太后，臨朝稱制。

順帝的皇后是在順帝即位的第二年由太皇太后操辦而正式冊立為皇后的。冊立儀式很隆重，冊寶冊文上說：「天之元統二氣，配莫厚於坤儀；月之道循右行，明同貞於乾曜。若昔帝王之宅後，居多輔相之世勛。蓋選德於亢宗，亦疇庸於先正。造周資任、姒之化，興漢表馬、鄧之功。咨爾皇后欽察氏，雍肅惠慈，謙裕靜淑。乃祖乃父，夙堅翼亮之心；於國於家，實獲修齊之助。朕纘丕圖之初載，親承太后之睿謨。眷我元臣，簡茲碩媛。相嚴而率典，奉慈極以愉顏。用彰褘翟之華，式著旂常之舊。令攝太尉某官授以玉冊寶章，命爾為皇后。備成嘉禮，宏賁大猷於戲！嵩高生賢，予篤懷於良佐；關雎正始，爾勉嗣於徽音。永錫壽康，昭示悠久。」帝王立皇后時誇得天花亂墜，似乎母儀天下，非她不行，還要承諾什麼昭示悠久。可是，一旦想廢掉皇后，即便小有過失，便一紙休書，將其逐出宮室，不是在冷宮幽禁中度過殘年，便是死於非命。就在答納失里冊為皇后的第二年，她的哥哥御史大夫唐其勢以謀逆伏誅，其弟塔剌海奔入後宮藏匿，她用衣服遮蔽弟弟，希望免於一死，沒有成功，結果獲罪，被迫遷出後宮。不久，丞相伯顏將她鴆殺於開平民舍。

答納失里皇后死去以後，後宮虛位三年，到了至元三年三月，才立伯顏忽都為皇后。伯顏忽都姓弘吉剌氏，是武宗宣慈惠聖皇后真哥的侄兒毓德王孛羅帖木兒的女兒。冊后的儀式同樣是隆重而熱烈的，冊文也依舊寫得天花亂墜：「帝王之道，齊其家而天下平；風教所基，正乎位而人倫厚。爰擇配以承宗事，若稽古以率典常。咨爾弘吉剌氏淑哲溫恭，齊莊貞一。屬選賢於中壺，躬受命於慈闈。勖帥來嬪，蹈榘儀之有度，動容中禮，謹夙夜以無違。茲表式於宮廷，宜推崇其位號。乃蠲吉旦，庸舉彝章。遣攝太尉某持節授以玉冊寶章，命爾為皇后。於戲！乾施坤承，克順成於四序；日明月儷，久照臨於萬方。朕欲躋世於人安，爾其助予之德化。共御亨嘉之運，益延昌熾之期。勉爾徽音，事修內治。」伯顏忽都受到了順帝的寵愛，不久生下皇子真金，真金不到兩歲卻不幸死去。

伯顏忽都皇后天性節儉，虛懷若谷，從不因別的女子得寵而妒忌使性，總是端莊文靜，以禮法自持。元後宮除了正皇后以外，還有所謂第二皇后、第三皇后，只要皇上高興，設多少皇后都行。伯顏忽都正位中宮，第二皇后奇氏居興聖西宮。奇氏美麗多情，長於風月，極得順帝的愛幸，因此，順帝常去興聖西宮尋歡留宿，很少到東內的皇后正宮。侍候皇后的左右侍女將皇帝素幸興聖西宮的事稟報皇后，一個個萬分激憤，但皇后泰然視之，臉上和眼中沒有一絲怨恨之意。

皇后端莊溫柔，不貪一時之樂，事事都從大局著眼，掛念著皇上的安危。有一次，她隨順帝出巡上京，駐紮道途。順帝想臨幸皇后，派內官前往皇后住地傳旨。皇后卻堅辭說：「暮夜非至尊往來之時。」堅決不同意。內官往返三次，三次都遭拒絕。順帝大為感嘆，說這真是一代賢后。

順帝曾問伯顏忽都皇后：「中政院所支錢糧，皆傳汝旨，汝還記之否？」皇后回答說：「妾當用則支。關防出入，必已選人司之，妾豈能盡記耶？」順帝這是與她遊戲。但皇后卻越發嚴謹，從此以後住在坤德殿，只是終日端坐，足不出戶。至正二十五年，離元王朝傾覆還有三年，伯顏忽都皇后不幸死去，年僅四十二歲。皇后死去後，第二皇后奇氏聞訊去探視，見皇后所留下的衣服破弊不堪，奇氏放聲大笑，說：「正宮皇后，何至服此等衣耶！」可見皇后節儉樸素、謹禮守道到了何種程度。

正宮皇后去世，第二皇后奇氏扶正。奇氏名完者忽都，是高麗的絕代美女。奇氏出身微賤，家境貧寒，由於她被順帝寵愛，家族三世都追封王爵。奇氏最初是由徽政院院使禿滿迭兒送進皇宮的，為宮中的一名宮女，負責茗飲，事奉順帝。她天性穎黠，善於察言觀色，而且美貌驚人，顧盼生情。順帝當然不能自制，便占有了她，日漸寵幸。

答納失里作皇后時，驕妒成性，不能容忍其他女子染指聖躬。答納失里皇后發現奇氏妖媚順帝，便怒火中燒，多次箠辱奇氏。答納失里被害，順帝想立奇氏為皇后，但丞相伯顏等權臣力爭不可，結果立了伯顏忽都。伯顏罷相以後，大臣沙剌班調和折衷，奏請立奇氏為第二皇后，居興聖宮，並改徽政院為資政院，待遇相當於皇后。

奇氏雖然恃寵而驕，在皇后屍骨未寒時竟當殿當眾嘲笑，但她生活在宮中，還是遵守禮法，從不胡作非為。她在宮中無事時，常取《女孝經》、史書，翻看歷代皇后的賢行懿德，用心取法。各地進獻給她的果實珍味，她總是先派人薦獻太廟，然後自己才品嚐。至正十八年，久旱無雨，天下饑荒，她命內官在宮外支粥鍋，廣食飢民，並讓官吏也如此。她還獻出私藏金銀粟帛，命資政院使樸不花在京師十一座城門立塚，葬拋屍路途的飢民遺骼達十餘萬具，還讓僧人建水陸法會為亡靈超渡。

當時，順帝荒於政務。皇后奇氏所生皇子愛猷識理達臘，立為皇太子。皇后鑒於順帝不理政務，恐怕皇權旁落，便和太子陰謀內禪。皇后遣樸不花諭意丞相太平，太平避而不答。皇后召太平入宮，賜給太平美酒，再次表示太子內禪之意，太平不同意。於是，皇后和太子都記恨太平。順帝知道了皇后的意思，不禁勃然大怒。他開始疏冷皇后，以至兩個月時間，不見蹤影。皇后奇氏只有傷心落淚。資政院使樸不花由於皇后遭冷遇，他也被劾黜。皇后派御史大夫佛家奴進奏順帝，辯明樸不花和皇后沒有干係 。佛家奴不但不申救樸不花，反而再加彈劾。皇后知道後，再派御史彈劾佛家奴，結果佛家奴謫居潮河。

奇氏的家族當年在高麗顯赫驕橫，不可一世。不料觸怒了高麗王，高麗王便下令殺盡奇氏家族。倖存的奇氏家人便苟延殘喘，四處流落。至正二十三年，身為皇后的奇氏記起了家族深仇，便對太子愛猷識理達臘說：「汝何不為我復仇耶？」於是，立高麗王族留在京師的人為王，以奇族的子弟三寶奴為元子，遣同知樞密院事崔帖木兒當丞相，派兵一萬，又招慕倭兵等，浩浩蕩蕩，征討高麗。大兵剛過鴨綠水，高麗伏兵四起，殺得元兵大敗，只有十七騎落荒而逃，奔回京師。皇后慚愧不已。

至正二十四年七月，勃羅帖木兒稱兵犯闕，皇太子出奔冀寧，下令討伐勃羅帖木兒。勃羅帖木兒大怒，唆使監察御史武起宗進奏，說皇后外撓國政，請皇上逐皇后出宮。順帝雖然冷遇皇后，但還不至於要逐后出宮，所以就置之不理。二十五年三月，后幽囚於諸色總管府。勃羅帖木兒逼后還宮，並取出印璽，召皇太子。后回到幽所，討好勃羅帖木兒，送給他無數的美女。勃羅帖木兒死後，皇太子入京師，后傳旨令廓擴帖木兒以擁太子入城，準備脅迫順帝禪位。廓擴帖木兒會意，但到離京城三十里時，遣軍回營。皇后和太子就恨上了廓擴帖木兒。

伯顏忽都皇后去世，中書省奏請奇氏正位後宮，順帝不作答。中書省又奏改資政院為崇政院，立奇氏為皇后，順帝這才同意，授奇氏冊寶，舉行盛大的冊后儀。冊文上說：「坤以承乾元，人道莫先於夫婦；后以母天下，王化實始於家邦。典禮之常，古今攸重。咨爾肅良合氏，篤生名族，來事朕躬。儆戒相成，每勤於夙夜；恭儉率下，多歷於歲年。既發祥元子於儲闈，復流慶孫枝於甲觀。眷若中宮之位，允宜淑配之賢。宗戚大臣，況僉言而敷請；掖庭諸御，咸傾望以推尊。乃屢遜辭，尤可嘉尚。今遣攝太尉某持節援以玉冊玉寶，命爾為皇后。」至正二十八年，順帝攜皇后奇氏北奔和林。

馬皇后

中國歷代開國皇帝大多有同甘共苦、賢慧能幹的妻子，最為典型的便是明太祖和他的馬皇后。馬皇后是皖北宿州閔子鄉人。父親馬公，母親鄭媼。母親鄭媼早卒，馬公和兩個女兒相依為命。白蓮教聚眾燒香，反叛四起，戰火自山東蔓延到皖北。白蓮教黨要搶奪馬公的女兒，馬公殺了白蓮教黨，帶著女兒星夜投奔好友郭子興。

郭子興是定遠人，在當地是一方大財主。馬公逃到定遠，住了年餘，馬公就把女兒託付給郭子興，要他收為義女。馬公死後，郭子興便將馬氏視為自己的女兒。馬氏聰明能幹，善解人意，郭子興夫婦很喜歡她。馬氏就在郭府過著小姐般的生活。

濠州人朱元璋有兄弟四人，他排行第四。朱元璋十七歲時，濠州大災，他的父母和三個哥哥相繼死去，只有一個姐姐遠嫁在外。朱元璋面對親人的屍骨，放聲號哭，呼天搶地。可是，哭號又能解決什麼問題？這屍骨如何安葬？鄰人劉繼祖可憐朱元璋，給他一塊山坡地，幫他安葬了親人。

朱元璋走投無路，便到濠州皇覺寺，出家為僧。朱元璋出家當和尚不過是想混碗飯吃，誰知荒年做和尚吃碗稀粥也不是那麼容易。朱元璋在寺裡沒呆多久，便拿一度牒，被迫出寺托鉢，化緣為生。朱元璋三年雲遊，芒鞋托鉢奔走在淮水一帶，風餐露宿，飽經風雨，在飢餓的死亡線上痛苦地掙扎，也經受著磨礪。至正十二年，朱元璋結束了三年雲遊，二十四歲時疲憊不堪地又回到了濠州。

朱元璋厚著臉皮走進皇覺寺，寺裡的和尚很不高興。朱元璋受盡白眼，決定在佛前上香卜卦，再度出遊。北、東二南三卦均卜不吉，朱元璋心灰意冷，想想出遊不吉，難道天意要我造反?朱元璋心中一動，為此卜一卦，卻是大吉。朱元璋一陣大喜，當即脫去袈裟，一身便服出了皇覺寺，就近奔往占據濠州的郭子興。

朱元璋身強力壯，是一條好漢。營卒誤認為朱元璋是一位奸細，當即綁了朱元璋，送入營中。郭子興問清情況，見朱元璋虎背熊腰，聲音洪亮，便把他留了下來。朱元璋機靈、能幹，很快得到了郭子興的賞識，便由親兵晉升到主管親兵的親兵九夫長。

當時，郭子興勢力不足千人，手下一同舉事的彭大、孫德崖、趙均用又心懷鬼胎，形勢可危。郭子興信用彭大，孫德崖、趙均用極為不滿，竟扣住了郭子興，準備殺死他。朱元璋領親兵救出郭子興，聲威大振，郭子興越發倚重朱元璋。郭子興的二太太小張夫人見過朱元璋，覺得他相貌不凡，可以倚信，便建議聯姻，將義女馬小姐配給朱元璋。郭子興為鞏固自己的權位，就促成了這樁婚事。

黃道吉日，朱元璋二十五歲時娶了小自己五歲的馬小姐。馬小姐身材修長，姿容秀麗，尤其是黑色的秀髮和如玉的肌膚，更具有一種大家閨秀的秀美。馬小姐有一雙發達的雙腳，後來證明這是幫助朱元璋打天下的一雙天賜的天足。最令朱元璋這位目不識丁的壯夫敬仰的是馬小姐天生麗質之外的那份修養，那種端莊明智，那些知書達禮所獨有的超然風韻。

馬氏知道朱元璋出身寒苦，更知道她這位夫君身強體壯中所深藏著的是一顆出人頭地的雄心。但馬氏更加清楚，像朱元璋這樣的人物，要想圖謀大事，必須在武藝之外還得讀書學習，明了歷史、熟悉地理而後才能君臨天下。朱元璋敬愛自己的妻子，當然聽從馬氏的話，征戰之餘注意讀書識字。朱元璋很有靈性，沒過多長日子就能寫詩。朱元璋寫了一首〈詠菊花〉，充分、淋漓地表達了自己的心志：

百花發時我不發，我若發時齊嚇煞。

要與西風戰一場，滿身披上黃金甲。

寫詩明志，抒發情懷，當然相對來說要容易一些，而真正要滿身披上黃金甲君臨天下，那就要經歷無數的血戰和難以想像的淒風苦雨。郭子興和元軍激戰，損失慘重。朱元璋隻身到定遠一帶募兵七百，包括後來的開國大將徐達、湯和、鄧愈就在其中，這支隊伍便成了朱元璋的嫡系隊伍。朱元璋就依靠這支隊伍由弱到強，最後取天下而代之。

朱元璋廣召天下英才。文士李善長、謀士馮國用等前來歸附。馮國用勸他不要濫殺、不要貪財，要收籠人心，占集慶（南京）而後四出攻伐。朱元璋認真地採納了這些有益的建議，君臨天下的雄心開始明朗。

朱元璋依靠自己的兵力驅逐元軍，勢力日益壯大，占領滁州以後便有了自己的根據地。郭子興與趙均有在濠州火拚，結果領著殘兵敗卒投奔朱元璋，接管了朱元璋的部隊。郭子興想在滁州稱滁王以號召天下，朱元璋覺得不妥，認為過早樹起王旗，容易招至強兵，稱王暫緩為宜。郭子興見朱元璋反對他稱王，大為惱火。郭的親信又嫉恨朱元璋，進讒言說朱元璋素有野心。郭子興便疑忌朱元璋，想法分他的兵權。

朱元璋很為難，就和夫人馬氏商量。馬夫人讓他對郭子興更加恭順，作戰有虜獲儘量獻給郭子興和他的二夫人，馬氏再從中調停，兩人的關係就這樣又扭轉了過來。據史書記載說，當時朱元璋和郭子興及郭氏兒子的關係異常緊張。郭的兒子常搆陷朱元璋，郭就把朱元璋在別室幽禁起來，斷絕飲食。夫人馬氏就偷拿熱騰騰的蒸饃，藏在衣內乳房旁邊，帶給朱元璋吃。朱元璋依此勉強度日，而夫人馬氏卻因蒸饃太熱，燙焦了肌膚，乳房為之糜爛。類似的情況有多次，馬伕人救朱元璋於危難，因此，朱元璋得天下以後，冊立馬氏為皇后，對群臣感嘆地說：「昔光武受命，嘗回思滹沱麥飯，以勞馮異。唐德長孫後，以能周旋於隱太子構隙之間。今皇后同朕起布衣，閱歷憂患，每不憚灼肌體，懷熱食飼朕，此不止麥飯也。至郭氏猜嫌，幾罹叵測，后卒能多方彌縫，以脫朕於難。其與長孫之周旋險易何等？語曰：『妻者，齊也。』又曰：『家貧思賢妻。』非后德齊一，安有今日？其敢以富貴忘貧賤哉！」群臣山呼萬歲。皇后馬氏卻說：「妾聞夫婦相保易，君臣相保難。陛下不忘妾，妾願陛下尤不忘群臣百姓。」皇后馬氏的仁德日益遠播。

至正十五年，郭子興死。朱元璋時年二十八歲，獨率全軍，闖蕩天下。半年後，朱元璋渡過長江，下太平，占集慶，垂詢地方父老耆宿，廣召人才，並廢除一切暴政。於是，眾望所歸。接著，朱元璋取寧國、徽州、鎮江，改集慶為應天府，自稱吳國公，號召天下。當時，朱元璋已經兵強將盛，軍中有良將徐達、常遇春和長史之才李善長，文墨之士陶安，但缺乏謀士。夫人馬氏建議朱元璋訪求隱士和奇才。朱元璋又愉快地接納了這個建議。

朱元璋進軍浙江金華，聽說青田人劉基、金華人宋濂是浙東名士，朱便派專使攜金幣請來二人，並築禮賢館恭候。朱元璋敬稱二人為先生，不直呼其名。劉基便獻計朱元璋，底定江南，揮師北上。果然一步步如劉基所謀劃的，朱元璋先滅陳友諒，後滅張士誠，底定江南以後即揮師北上。至正二十八年元順帝兵敗北逃，元帝國滅亡。朱元璋在南京即位，建明帝國，為明太祖。夫人馬氏冊為皇后。

馬氏為皇后時已經三十五歲，生下了五個兒子。兒子們慢慢長大，馬皇后建議朱元璋遴選名儒教讀兒子。朱元璋委宋濂為諸子師傅，教讀宮中。太子朱標在馬皇后和宋濂的教導下，仁德寬厚，成為一位賢明的儲君。

朱元璋在發跡的過程中漸漸侍妾增多，以至將馬皇后養父郭子興的女兒收為侍妾，扶為二夫人。馬皇后對朱元璋的貪色很寬懷和容忍，她正位六宮以後，仁待諸臣妾，厚愛宮女。宮中上下對馬皇后非常愛敬。

馬皇后勤於內治，空閒時常探求古訓，並常常以古訓教導六宮嬪妃和宮女。馬皇后認為宋代的賢后很多，命女史錄宋代家法，朝夕省覽。有一個女官進言說：「宋代家法過於仁厚，不足為法。」馬皇后正色回答：「仁厚不比苛刻更好嗎？」馬皇后身邊也有位清江人范氏，素習女史，馬皇后常令她講解書傳，談論古今賢后事跡。有一次，范氏講漢代竇太后，馬皇后聽完就問范氏：「黃老是什麼教？如何竇太后這樣喜歡？」范氏回答：「黃老講求清靜，主張無為而治，其教化所及，臣民孝慈。」馬皇后立即說：「孝慈就是仁義，世上哪有捨仁義而為孝慈的呢？」於是，有〈宮詞〉描述了這件事：

分司六尚署銜新，萬戶千門儘是春。
聖后不崇黃老術，躬衣親訪范夫人。

范氏是清江范槨的孫女，早年守寡，選入宮中。范氏極有文筆，還善於繪畫，偶爾也作畫附詩。范氏常用畫稿寄託鄉思。其所題〈老嫗騎牛吹笛圖〉詩云：玉環賜死馬嵬坡，出塞昭君怨更多；爭似阿婆牛背穩，笛中吹出太平歌。有一次，馬后見她所題詩畫，感嘆她的才華，封她為夫人，並遣她回家以了卻鄉思。

馬皇后親自照料朱元璋的飲食起居，親自檢查飯菜。宮女們勸她不必如此操勞，她卻說，侍候丈夫的飲食是女人的分內事，而且飲食一旦有點兒不合口味，自己不照料恐怕別人會遭殃。馬皇后就常常這樣體諒他人。有時，宮女犯錯，有些過失，朱元璋發怒，馬皇后也故意發怒，吩咐將犯錯的宮女交付宮正司。朱元璋事後問她為什麼，馬皇后回答，賞罰須公正，人君喜怒時賞罰會失正，而交宮正司能斟酌輕重予以施罰，這樣才能公正相宜。

有一次，朱元璋和大臣在前殿議事，議完後在殿中吃飯。朱元璋的飲食由後宮負責，朝官的飲食由光祿寺負責。馬皇后這時來到前殿，吩咐將朝官飯菜拿來，自己嘗嘗。結果，飯菜很涼，又沒有什麼味兒。馬皇后就進奏說，待士之道，自奉要簿，養賢要厚，如今朝官的飯食冰涼無味，不是皇帝養士之道。朱元璋當即召光祿寺卿徐興祖，當面斥責。眾人無不稱讚馬皇后。

朱元璋數興大獄，殺戮功臣。胡唯庸逆案牽連甚眾，殺死臣僚數萬。太子師保大學士宋濂的孫子宋慎、宋燧也牽連其中。當時，宋濂已年邁鄉居。朱元璋也不放過宋濂，想派人殺死他，並抄他的家。太子聽說要殺自己的老師，苦苦哀求。朱元璋不聽。太子投水自盡，被侍從救起。馬皇后知道這事以後，便吩咐當天的膳食，全部用素。

朱元璋入宮用膳，發現全是素菜，問什麼緣故。馬皇后回答：「平常百姓家請個先生，都是禮敬有始有終。宋先生教導諸子，我為他吃素祈福。」朱元璋知道又是為宋濂求情，氣得將筷子一扔，拂然離去。宋濂終於免於一死，被發配茂州，後來，便客死在那一塊荒地。

洪武十五年，馬皇后病重。朱元璋寢食不安，命各地祭山川神靈，為皇后祈福。又征天下良醫前來診治。馬皇后對朱元璋說，死生是命中注定的，禱祀有什麼用？御醫診治，如果服藥沒有效用，希望陛下不要因此而降罪御醫。旋即，馬后病情惡化，臨終時遺言：「願陛下求賢納諫，慎終如始，子孫皆賢，臣民得所而已。」八月，馬皇后去世，終年五十一歲。明宮宮女時常懷念馬皇后，常常和淚而歌：

我后聖慈，化行家邦。
撫我育我，懷德難忘。
懷德難忘，於萬斯年。
毖彼下泉，悠悠蒼天。

鄭貴妃

明神宗朱翊鈞十歲時即位，在明代帝王中在位最久，長達四十八年。神宗二十歲時，生長子朱常洛，其母是妃子王氏。神宗二十四歲時，所寵愛的妃子鄭氏生皇子朱常洵，神宗進鄭氏為貴妃。當時，皇后餘姚人王氏沒有子嗣，立長子朱常洛還是立貴妃的兒子朱常洵就成了朝廷和宮中爭論的中心。這場爭論持續了數十年，一直困擾著神宗萬曆年間的後宮和朝政。這就是萬曆年間馳名歷史的國本之爭。這場國本之爭牽連甚廣，

鄭貴妃

後宮后妃美人和朝野百官無不置身其間。圍繞著所謂的皇儲國本，陰謀在四處潛伏著，勢力一次次地重新分化組合。明代的門戶之禍從這時興起，並日漸泛濫成災。這場國本之爭的中心是神宗的愛妃鄭貴妃和她的兒子朱常洵，其巔峰和焦點便是所謂的《憂危竑議》案。

鄭氏是大興人。最初，鄭氏不過是一位宮女，在萬曆初年時進入後宮當差。鄭氏風華美豔，被神宗看上並臨幸以後，封為貴妃。萬曆十四年，鄭氏生皇三子朱常洵，進封皇貴妃。朱常洵降生的第二個月，國本之爭便告開始。當時，神宗寵愛鄭貴妃，而冷遇皇長子的母親王妃。朝臣尊奉有嫡立嫡、無嫡立長的祖傳原則，主張立皇長子朱常洛。但神宗寵愛鄭貴妃，一直避談太子之事。長子已經五歲，卻沒有一絲冊立的意思，鄭貴妃的兒子出世，神宗愛幸有加，朝臣們便不得不犯嘀咕：皇上是不是有意立鄭貴妃的兒子？鄭貴妃是不是依恃著皇上的寵愛謀劃著立自己的兒子為太子？

輔臣申時行會同群臣進言，請求皇上早立長子為太子，以慰眾望。申時行的奏疏中說：「早建太子，所以尊宗廟重社稷也。自元子誕生，五年於茲矣，即今麟趾螽斯，方興未艾，正名定分，宜在於茲。」申時行接著舉出前朝早立太子的先例，說英宗是兩歲立太子，孝宗是六歲，武宗才一歲，成憲具在，沒有什麼可以再推脫的；長子已經五歲，宜於在春月吉旦，敕下禮部，早建儲位。神宗不願意立長子為太子，但又不好直接拒絕，於是批覆敷衍，「元子嬰弱，少俟二三年舉行」。

朝臣當然不肯輕易放過，知道皇上敷衍，是為了廢長立幼。戶科給事中姜應麟、吏部員外郎沈上書一針見血，「貴妃雖賢，所生為次子，而恭妃誕育元子，主鬯承祧，顧反令居下耶？乞收回成命，首進恭妃，次及貴妃」。這不是公然給皇上難堪？神宗如何能接納所奏，除了大怒，如何下得了臺！神宗一怒之下，貶謫姜應麟為廣昌典史，沈也調出京師。神宗餘怒未消，曉諭閣臣說：「降處非為冊封，惡彼疑朕廢長立幼，先揣摩上意耳。我朝立儲，自有成憲，朕豈敢以私意壞公論耶！」神宗說得冠冕堂皇，以為能糊弄過去，豈料在場的刑部主事孫如法當即反駁說，恭妃生下長子，五年沒有進封之典，而貴妃鄭氏生下皇子，馬上進封皇貴妃，「貴妃能得之於皇子之生之日，而恭妃不能得之五年敬奉之久，此天下不能無疑也！」神宗聞言又是大怒，當即貶謫孫如法為潮陽典史，離開京師。御史孫維城、楊紹程也盡忠進諫，結果一同奪俸。

禮部侍部沈鯉則進奏溫和一些，他請求在晉封鄭妃的同時，宜並封恭妃王氏。神宗不置可否，只是批硃說，待元子冊立時再一併進封。顯然，沈鯉懂得火候，進言恰如其分，所以，沈鯉既沒被奪俸，也沒被貶職。正當朝廷百官和神宗因立儲一事相持不下、勢同水火時，皇貴妃鄭氏的父親鄭承憲卻又橫生枝葉，引火上身。鄭承憲援引宮永年伯王諱的舊例，為其父奏請典。朝臣們正在懷疑神宗以私壞公，偏袒鄭貴妃，鄭承憲這時奏請典顯然不合時宜。禮部毫不客氣地駁回奏疏。神宗剛剛宣稱自己絕不會以私意壞公論，這時當然不宜又為這事與百官對抗，但又不能不有所表示。於是，神宗下旨，給予鄭承憲墳價五百兩。

禮科都給事王三餘、御史何倬、鐘化民、王慎德又先後進奏立儲。神宗不予理睬。輔弼大臣也奏請建儲封王，神宗照舊敷衍。山西道御史陳登雲奏請冊立東宮，並請將驕橫的鄭承憲立即治罪。神宗連看都不看。這樣，建儲之議又拖了四年。時光推衍到了萬曆十八年正月，神宗臨御毓德宮，召輔臣申時行、許國、王錫爵、王家屏於西室，詢問冊立東宮事宜。神宗知道輔臣的意思，坐定以後，便遲疑地說：「朕知之，朕無嫡子，長幼自有定序。鄭妃亦再三陳請，恐外間有疑。但長子猶弱，欲俟其壯大使出。」輔臣立即伏地進奏，說：「皇長子年已九齡，蒙養豫教，正在今日。」神宗默然頷首。

這一次西室會見，輔臣們似乎略約寬心。申時行眉頭舒展，一行閣老邁著穩健的步履行走在間有彩畫的朱漆遊廊中，匆匆瀏覽著廊外的景緻。這時，隨著一陣急促的腳步聲，司禮監太監奔行了過來，叫住了閣老們，傳旨：「已令人宣皇子來，與先生一見。」

身為輔臣的閣老們聽到宣旨，大喜過望，覺得國本之爭似乎可以結束了，儲位確定大概十有八九。

申時行等回到宮內。一會兒後，皇長子朱常洛、皇三子朱常洵帶到，隨著太監走到御榻前，拜見神宗。然後，皇長子立在榻右，神宗牽著他的手，向明正立，好讓侍立在旁的輔臣們看。輔臣們注視良久，誠懇地進奏說：「皇長子龍姿鳳表，岐嶷非凡，仰見皇上昌後之仁。」神宗聽後很欣慰，歡愉地說：「這是祖宗德澤，聖母恩庇，我哪裡敢當。」輔臣們趁熱打鐵，說皇長子春秋已長，應擇師讀書。並說皇上正位東宮時，年主六歲，卻已讀書，皇長子這時教讀已經是太晚了。神宗無限感嘆，說他是五歲就能讀書。接著神宗順手指指皇三子，說這兒也已五歲了，卻還離不了乳母。說罷，神宗拉過皇長子，引到膝前，注視撫摩嘆惜良久。輔臣們被這一幕父子深情感動了，忙跪伏叩頭說：「有此美玉，何不早加思索，使之成器？」神宗點著頭，欣然地說：「我知道。」申時行等也欣然地跪拜辭出。

西室感人至深的情景令朝臣們激動。朝廷百官歡欣鼓舞，並準備著長子的冊典，似乎國本之爭已經到此結束。然而，春花凋謝，秋葉飄零，還是沒有冊立太子的聖旨。大臣們由熱望到失望，歡快的心情也隨著春花凋謝，秋葉飄搖，心中只剩一片蕭瑟。吏部尚書朱、禮部尚書於慎行再也按奈不住了，於是，在這一年的十月，率領群臣鄭重其事合疏上奏，請求冊立太子。國本之爭又一次掀起。神宗見奏以後，勃然大怒，下旨將朱、於兩位尚書和全體上奏官員奪俸！輔臣申時行迷惑不解，又對此痛心疾首，覺得自己再也無顏立身閣老了，便引疾乞休。大臣王家屏等急忙出面調解。神宗這才消了一些怒氣，拿出鄭國泰的請求冊立疏，對輔臣們說：「明年冊立東宮，如果再有奏擾，就到十五歲再談冊立！」聖旨確立次年冊立，群臣們自感有個盼頭，誰也不會再從中生事，進奏騷擾。到了第二年十月，平靜了整整一年的宮廷又一次活躍開了。萬曆十九年十月，工部主事張有德率先進奏，請備東宮儀仗。首輔申時行憂心忡忡，次輔許國感嘆地說：「小臣尚以建儲奏請，我輩不一言可乎？」於是連名具疏，首輔申時行列名榜首。知道以後，連忙寫了一份密揭：「臣已在告，同官疏列臣名，臣不知也。」明代宮中規定，閣臣密揭只能由皇上拆看，看後留中。但這份密揭和合議疏卻不是以特件送入後宮，而是和諸疏同發，結果密揭為朝臣所知。禮科羅大就上疏痛斥申時行迎合上意，以固輔位。武英中書黃正賓等也上疏彈劾。神宗氣血上湧，吩咐杖責黃正賓，將羅大削籍。神宗和百官又一次勢同水火，鬧騰得不可開交。輔臣王家屏再次充當和事佬，奏請明年再議建儲。但沒有結果。

萬曆二十年正月，禮科都給事李獻可疏請豫教皇長子。聖旨李獻可削籍。大學士王家屏具揭申救，封還御批。神宗大怒，再申前旨。給事鐘羽正、舒弘緒、陳尚象等交章申救，結果都被削籍或貶調。科臣孟養浩最後一個上疏，削籍之外又加杖一百，打得昏死過去。大學士王家屏乞求休歸。神宗允準。吏部主事顧憲成、章嘉禎等認為王家屏為人忠愛、不宜廢置，應立即召回。神宗發怒，令顧憲成削籍，章嘉禎謫調羅定州州判。

國本之爭已然非常明朗，神宗為了愛妃及其愛子，寧願與朝廷百官對抗到底。而忠愛執著的百官們崇尚風骨和氣節，他們寧願為禮義盡忠，也絕不能容忍皇上以私害公。宮廷、朝廷於是籠罩在國本之爭的沉沉烏雲之中。多情的神宗和他深愛的鄭妃及其愛子也深受困擾。皇后為國事、家事思慮著。王妃和皇長子迷惑。鄭妃品味著皇上的恩愛，謀劃著自己和兒子的前途。後宮疑雲四布。

萬曆二十一年正月，輔臣王錫爵歸省還朝，密疏神宗，奏請冊建東宮，奏得恭敬而委宛。神宗答覆說，他本來有今春冊立之旨，但近期讀了《皇明祖訓》，上稱立嫡不立庶，皇后尚還年少，如果冊立東宮，皇后又復出，豈不是國有二儲？今將之皇子並封為王，幾年後皇后如果還是無出，再行冊立。王錫爵連忙力爭說，當年漢明帝取宮人賈氏的兒子，讓馬皇后收養；唐玄宗取楊良媛的兒子，讓王皇后收養；宋真宗劉皇后取李宸妃的兒子，自己收養，最後都繼承大統。「與其曠日遲久，待將來未定之天，孰若酌古準今，成目下兩全之美？臣謹遵諭，並擬傳帖二道以憑彩擇。然尚望皇上三思臣言，俯從後議，以全恩義，服人心。」神宗不理會這些，依舊重申前旨。

國本之爭就這樣又相持了五年。萬曆二十六年五月，吏料給事戴士衡、全椒知縣樊玉衡因指斥呂坤的《閨範圖說》，被削籍戍邊。國本之爭進入白熱化。呂坤是由西按察使，他編輯了一部《閨範圖說》。鄭國泰看到後，覺得很好，能迎合皇上和鄭貴妃。於是，鄭國泰將《閨範圖說》重刻，補上了后妃部分，首列漢明德皇后，最後是當今的鄭貴妃。《閨範圖說》面世以後，不脛而走，無疑在這國本之爭的時候火上澆油。科臣戴士衡立即上奏，指斥呂坤迎合後宮，奏中語侵鄭妃，菀枯之形已分。樊玉衡作為全椒知縣，也參與到這場爭論之中，上疏竟稱，「皇上不慈，皇長子不孝，皇貴妃不智，」簡直目無聖上和貴妃，全亂了套。

鄭貴妃坐鎮後宮，耳目很多。她得知戴、樊二人的進奏，淚如滾珠，在神宗面前哭訴。神宗哪裡受得了這個？立即下旨，將戴、樊二人治罪，一同削籍戍邊。鄭貴妃這才稍覺欣慰。呂坤、鄭國泰等也約略鬆了一口氣。

然而，大變故卻在這時降臨了。不知道從什麼地方，由什麼人編著的一部書祕密傳播，轟動京師。此書傳入後宮，後宮為之震動，后妃美人們驚得發呆，不知所從。這部書書名《憂危竑議》，是援引歷代嫡庶廢立的故事，編輯而成。書中詳引史事，卻刺痛了張養蒙、劉道亨、魏允貞、鄭承恩、鄧光祚、洪其道、程紹、白所知、薛亨、呂坤。矛頭自然是指向鄭貴妃及其愛子。

《憂危竑議》轟動京師以後，後宮、朝廷自然無法安靜。戚黨懷疑此書出自戴士衡之手，由張位密授。被書中言詞刺痛了的鄭承恩馬上反攻，說戴士衡假造偽書，中傷善類；樊玉衡顛倒是非，目無聖上，語侵後宮，是為可惡的二衡。神宗被鄭貴妃和鄭氏私黨鄭承恩等所奏激怒，下旨嚴辦嚴審。御史趙之翰這時進奏說，《憂危竑議》確實是戴士衡偽造，謀主是張位，參與密謀的還有徐作、劉楚光、劉應秋、楊廷蘭、萬建昆。神宗立下聖旨：「禮部右侍郎劉楚先、都察院右都御史徐作罷職；國子祭酒濟應秋降調；吏科左給事楊廷蘭、禮部主事萬建昆貶謫典史；張位先以密薦楊鎬東征失利，這次獲罪奪職，並值赦不宥。」一時間，反對鄭貴妃、語侵後宮的朝臣作鳥獸散。他們或被貶職，或被奪俸，或被遠流戍邊。他們既沒有辯解的餘地，又不可能申訴蒙冤。這場《憂危竑議》案便疑雲重重，不知道其真相究竟如何，是真的出自反鄭派朝臣偽造？還是鄭貴妃故意拋出此書，借此將反對派一網打盡，以封住眾口，早日結束這場爭議？不論這場疑案的真相如何，但此案一出，對鄭貴妃確實是極為有利。後宮自此平靜了兩年。國本之爭也因此進入低谷。

刀歷二十八年，禮部尚書余繼登奏請先冊立皇長子，然後冠禮致祝，婚禮致醮。大學士沈一貫也奏請皇長子冠婚。這一年，皇長子十八歲。南京禮部侍郎葉向高等也奏請皇長子行三禮。神宗不予理睬，吩咐遷皇長子入住慈慶宮，並申諭內閣，太子冊立有期，不許群臣再交章瀆擾。刑部主事謝廷不聽，繼續奏請冊立。結果，謝廷謫調貴州，貶為布政司照磨。大學士沈一貫密揭神宗，認為處罰太重。神宗答覆說：「謝廷狂妄，少待之，俾天下臣民曉然知出自朕心。」接著，神宗降諭：「皇長子清弱，大禮稍俟之，百官毋沽名煩聒。」工科都給事王德完無視聖諭，繼續煩聒，結果，被送入錦衣衛獄，嚴刑拷打，追問誰是主謀。鄭貴妃的哥哥鄭國泰也不甘寂寞，疏請皇子先冠婚，然後冊立。科臣王士昌立即反駁。署禮部朱國祚則認為鄭國泰故意顛倒其詞，背後一定有什麼陰謀。鄭國泰半年以後破天荒地奏請冊儲冠婚，惹怒了神宗，下令奪俸。禮科右給事楊天民、王士昌等也因進言立儲被謫調貴州。

萬曆二十九年，大學士沈一貫動之以情，曉之以理，忠懇進奏，深深地打動了神宗。神宗唸到「子復生子，孫復生孫，坐見本支之盛，享令名集完福矣」，不禁潸然淚下。神宗當即下旨，近日舉行冊典，但過不多久，神宗又以典禮未備，想改期冊立。沈一貫封還聖旨，力爭不可。於是，皇長子朱常洛在這年十月十五日，終於冊立為皇太子。國本之爭到此似乎結束。

但鄭貴妃還在，後宮神宗獨寵鄭貴妃的局面依舊，《憂危竑議》案依舊還沒有結束。太子冊立後的第三年，即萬曆三十一年十一月，京師又突然出現飛書，名《續憂危竑議》，凡三百餘言，說神宗準備更易太子，動搖國本。書中怒斥鄭貴妃。一夜之間，其書貼遍宮門、巷衢，後宮為之失色。「東宮不得已立之，而從官不備，寓後日改易之意。其特意用朱賡。賡者，更也。內外官附賡者，文則戎政尚書王世所，巡撫孫瑋，總督李汶，御史張養志；武則錦衣都督王之禎，都督僉事陳汝忠，錦衣千戶王名世、王承恩，錦衣指揮僉事鄭國賢。又有陳矩朝夕帝前，以為之主。沈一貫右鄭左王，規福避禍，他日必有靖難勤王之事。帶領科都給事中項應祥撰，四川道監察御史喬應甲刊。」這一飛書令舉朝失色，神宗不免大怒，吩咐廠衛嚴加搜捕，務得造書主某，並責令項應祥、喬應甲回奏，講明這是怎麼回事！項應祥、喬應甲慌忙進奏申辯，說這是奸人誹謗，世上哪有奸書謗人自署其名之理？兩人於是無事。那麼妖書令朝野震動，攪翻了後宮，究竟是何人所為呢？有的說此書出自清流之手，想傾覆沈一貫。有的馬上辯解，說認定此書出自清流之手，是想誣陷清流領袖郭正域，因為郭正域見忌於沈一貫，這是一個陰謀。沈一貫聽命於鄭貴妃，這飛書是出自反鄭朝臣之手，還是鄭貴妃指人所為？這又是一個謎。不過，這場《續憂危竑議》案一出，拷掠牽連，眾多立儲甚力的朝官遭受荼毒，慘不忍睹。

此案的詳細經過和結局，宜在《帝王外朝紀實》中詳談，在這裡從略。《勝國宮詞》中有這樣一首：

> 國本輕搖心魄寒，黌緣宵小釁多端。
> 熏天煽及黃扉老，願托同宗有萬安。

明神宗萬曆年間，由於鄭貴妃的存在，宮中一直沒有平靜過，大案迭起，異常熱鬧。繼爭國本和《憂危竑議》案之後，又相繼發生了廷擊案、紅丸案、移宮案。廷擊案發生在萬曆四十三年。這一年五月，薊州男子張差持梃闖入太子朱常洛居住的慈慶宮，打傷守門太監李鑒，直到前殿檐下，被內官韓本用執獲，交付東華門守衛指揮朱雄。嚴刑拷問之下，供出是鄭貴妃宮監龐保、劉成指使。神宗不願追究，先殺張差棄市，後殺龐保、劉成於禁中。紅丸案發生在萬曆四十八年，這年七月神宗去世，太子朱常洛即位，為明光宗。不久，光宗染病，得痢疾。鄭貴妃內侍崔文升進大黃藥，服後病情加劇，一晝夜瀉三四十次。鴻臚寺官李可灼進紅丸兩顆，名稱仙丹，結果，光宗服仙丹即死去，在位僅二十九天。移宮案事涉杏選侍。這便是馳名歷史的明宮三案。

東、西李選侍是光宗時的兩位選侍，都姓李。當時，宮中稱為東李、西李。東李為人仁慈，寡於言笑，地位在西李之上，但寵幸不及西李。崇禎皇帝朱由檢是光宗的第五個兒子，其母劉氏早死，少年的他先由西李撫養，後來西李懷孕生女，便由東李撫養。天啟元年，光宗長子朱由校即位，為明熹宗，東李進封莊妃。天啟時魏忠賢、客氏專權用事，嫉恨東李剛直持正，裁損許多宮中禮節，東李憤憤不已，憂鬱而死。

兩位李選侍中，東李以仁、直見長，西李則敢作敢為，以大膽果敢著稱，因而也更有名。移宮案就是因西李而起的。此案緊連紅丸案，宮禁為之震動，後宮烏雲四布。

光宗即位時已經三十九歲，很寵愛美貌的西李。西李曾撫育過光宗的長子和五子，即後來的熹宗與崇禎帝。光宗泰昌元年八月即位，旋即染病，臥床不起。光宗傳諭禮部：「選侍李氏（西李）侍朕勤勞，皇長子生母薨逝後，奉選帝旨，委託撫育，視如親子，厥功懋焉，其封為皇貴妃。」欽天監奉旨，選擇九月初六行冊立皇貴妃札。西李不滿足於貴妃，對光宗說，請世封皇后，光宗沒有答覆。光宗病勢可危，主事孫朝肅、徐世儀、御史鄭宗周上書輔臣方從哲，請求立即冊立皇太子，並將太子移住慈慶宮。光宗召閣部九卿重臣，宣到病榻前，對她們說：「選侍數產不育，止存一女。」說罷，傳旨讓皇長子朱由校出見。接著，光宗又說：「皇五子亦無母，亦是選侍撫育。」又令皇五子出來拜見，光宗當著宰輔的面如此這般，意思很明顯，是讓皇子和大臣知道，西李如同皇子之母，視如皇后。

不久，光宗又召大臣到乾清宮，曉諭大臣要速封選侍。西李前已有旨，封僅次於皇后的皇貴妃，這次速封，是重申前旨，並不是進封皇后。禮部侍郎孫如游試探說：「臣部前奉聖諭，上孝端顯皇后、孝靖皇太后尊謚，加封郭元妃、王才人為皇后，皆未告竣，宜俟四大禮舉行之後。若論皇儲保護功，則選侍之封唯恐不早，即從該監之請，未為不可。」就是說還是宜在欽天監選定的九月初六日。光宗默許。

第二天，光宗再次召大臣到乾清宮，依舊曉諭封西李為皇貴妃。光宗話音剛落，西李便披幃而立，大呼皇長子朱由校。皇長子朱由校在西李的咄咄呼聲中奔入乾清宮。西李旋奔出。皇長子跪在光宗的病榻前，乞求說，要封西李為皇后。光宗默然不語。幾天後，光宗去世。西李仍住在皇帝、皇后寢宮的乾清宮。西李想借年僅十五歲的光宗長子朱由檢掌握朝政，坐鎮乾清宮，進而統馭後宮。但大臣們不答應。

給事中楊漣對大臣周嘉漠、李汝華進言說：「宗社事大，李選侍非可托少主者，急宜請見嗣主，呼萬歲以定危疑，隨擁出宮，移住慈慶為是。」兩人深有同感，走告輔臣方從哲。楊漣率先奔進後宮，太監們執棍攔阻。楊漣怒斥說：「皇帝召我等至此，今晏駕，嗣主幼小，汝等阻門不容入臨，意欲何為？」太監們不知所措，只得讓開，諸臣這才進入。

痛哭一番以後，諸臣請求拜見皇長子。西李將皇長子留在暖閣，不能出。青宮舊侍王安哄騙選侍，抱持而出，眾人連忙叩頭，山呼萬歲。皇長子呆在那裡，不知道是怎麼回事，嘴裡卻只是說：「不敢當！不敢當！」群臣奏請進詣文華殿，王安擁長子而行，閣臣大學士劉一燝掖左，勛臣張唯賢掖右，湧入文華殿。內侍李進忠三次奔來，傳西李的命令，召皇長子回宮，並喝斥諸臣說：「汝輩挾之何往？」楊漣怒叱李進忠，擁著皇長子登輿。

到了文華殿，皇長子西向坐定，群臣行大禮拜見，並請長子即日登基。皇長子不同意，吩咐初六日即位。接著，大臣們擁皇長子入慈慶宮。大學士劉一燝進奏說：「今乾清宮未淨，殿下暫居此。」吏部尚書周嘉謨也說：「今日殿下之身，是社稷神人托重之身，不可輕易。即詣乾清宮哭臨，須臣等到乃發。」皇長子點頭同意。

楊漣這時對隨行的太監們說，外事緩急有諸位大臣，調護聖躬卻在諸內臣，責任重大，當好自為之。王安踴躍稱諾，答應一定盡職盡責。眾人這才退去。大臣們合議，還是得即日正位，讓內官進奏，皇長子不允。眾人便一身朝服，一片花花綠綠地在殿中坐等。少卿徐養量、御史左光斗唾罵楊漣不該阻止今日即位，情緒洶洶。楊漣心中恐懼，吩咐錦衣校尉戒嚴內外門禁。

吏部尚書周嘉謨聯合眾臣合疏進奏，請求西李移出乾清宮，遷往別宮。御史左光斗更是一針見血，「內廷之有乾清宮，猶外廷之有皇極殿也。唯皇上御天居之，唯皇后配天得共居之，其餘嬪妃雖以次進御，遇有大故，即當移置別殿，非但避嫌，亦以別尊卑也。今大行皇帝殯天，選侍既非嫡母，又非生母，儼然居正宮，而殿下乃居慈慶，不得守幾筵，行大禮，名分倒置，臣竊惑之。」接著，左光斗明白指出，說：「殿下今已十六歲，內有忠直老成的內官輔佐，外有公孤卿貳，哪裡乏人，還須乳哺而襁負照顧？伏請即早決斷，如果借撫養之名而行專制之實，那武則天之禍就不會太遠了。」皇長子覺得有理，發布上諭，說移宮已有聖旨，冊封貴妃一事，既雲尊卑難稱，著禮部再議。給事中暴謙貞大唱反調說：「大寶將登，上有百靈呵護，下有群工擁戴，何用此婦人女子！且聞選侍並非忠誠愛國，萬一封典得行，專權用事，恐怕難以抑制。」好在宮中忙亂，沒人理會，這一番話因而沒有引出風波，人們只是關注著乾清宮。

西李接納心腹李進忠的密謀，邀皇長子和她同宮。王安忿然宣言，並奉旨逮楊漣、左光斗。楊漣在宮門遇見李進忠，詢問選侍何日離宮。李進忠搖手說：「李娘娘怒甚，今母子一宮，正欲究左御史武氏之說！」李漣怒叱說：「誤矣。幸遇我。皇長子今非昨比，選侍移宮，異日封號自在。且皇長子年長矣，若屬得無懼乎？」李進忠默然無語。

科道官員惠世揚、張潑從東宮門出來，大驚失色，說今日選侍垂簾，下旨逮捕左光斗。楊漣立即駁斥說：「沒有這事！」宮禁一時人心惶惶。誰也弄不清是如何變局，皇上是親近選侍對付朝臣還是傾向於朝臣疏遠選侍？一個個狐疑滿腹。

過了幾天，選侍還是住在乾清宮，逍遙自在，根本沒有移宮之意。楊漣便直言上奏，說：先帝過世，人心惶危。都說選侍假借保護之名，陰圖專權之實，估請殿下暫居慈慶宮，拔另宮先遷出選侍，然後再奉駕還宮；祖宗宗社最重，宮闈恩寵為輕；如今登極已在明日，哪有天子偏處東宮之禮！這移宮一事，臣等進言在今日，殿下也當實行在今日。楊漣呈上奏疏後，拜見方從哲。方從哲認為不要操之太急，到初九、十二也為時不晚。楊漣堅持說：天子沒有重返東宮之理，選侍今天不移宮，他日也未必移宮，這事不可遲緩。內侍從旁說：難道不念及先帝當年的舊寵？楊漣大怒，說：國家事大，豈容姑息，你輩也敢這般放肆！叱聲嗡嗡，迴蕩在宮禁殿閣。

皇長子派人扶出楊漣，吩咐司禮監審查盜藏諸侍，收捕李進忠、劉遜。遣西李出乾清宮，移住仁壽殿。西李移宮已成，大臣們又於心不忍，反過來替西李說話。御史賈繼春進奏說：天地大德叫生，聖人的主德稱孝，先帝命諸臣輔皇上為堯舜，堯舜之道，孝悌而已；可是，父有愛妾，為子當終身敬養，尊仰不忘；先帝和鄭貴妃恩愛三十餘年，天下縱然側目，但篤念皇祖，一切渙然冰釋；殿下何不取法先皇，多作諒解？縱雲選侍原非淑德，夙有舊恨，這也是婦人女子素有的常態；先帝彌留之際，曾親向諸臣談及選侍，稱選侍產有幼女，顧念情重，欷歔落淚；草本都會為之感動，何況我輩臣子？伏請殿下委曲調護，使李選侍得終天年，幼女不至有什麼意外。左光斗也溫情脈脈，說選侍移宮以後，當存大體，捐其小過，不能株連蔓引，使宮闈不安。

熹宗傳諭內閣，講明個中原委。原來，熹宗小時，西李盛氣凌人，氣死了他的母親——當時身為侍女的堇氏，然後由她撫養。這事令熹宗抱恨終天，因而要追究清楚。先皇病重時，選侍又威脅熹宗，一定要傳封皇后，熹宗心裡很不願意。後暫住慈慶宮，選侍隨即差李進忠、劉遜，命將每天的文書章奏，先送選侍，然後再選送御覽。因此，熹宗質問說：祖宗一直家法甚嚴，可從來沒聽說有這等規矩？如今奉養選侍入噦鸞宮，正是仰尊皇孝遺愛，沒有什麼不可。至於李進忠、劉遜是盜庫首犯，事干憲典，並非出於株連。

原來真相如此，大臣們鬆了一口氣，輔臣方從哲讀了上諭，大驚失色，這才明白是怎麼回事。但方從哲覺得將這些宮闈內幕公之於眾，似乎不妥。於是，方從哲密揭封進，說：「皇上既仰體先帝遺愛，不宜暴其過惡，傳之外廷。」熹宗不理會這些，照舊中諭頒示中外。此事傳揚出去，南京御史王允臣馬上指責方從哲，說：陛下移宮以後發一道上諭，不過像常人一樣表明心跡，你宰相卻大膽封還，是何用意？司馬昭之心，路人皆知！方從哲不過是想隱祕宮闈，沒想到受到這等喝斥，身為閣老的他真是哭笑不得。

熹宗剛即位時，委任倚重司禮太監王安。後來，魏忠賢當政，西李再見天日，天啟四年，西李封康妃。宮禁真是疑案重重。

六、清代皇妃

一孝莊文皇后一

這是一個在史學界較為熟悉的深宮故事，對於滿清王朝來說又是順理成章，不足為奇的。但鑒於許多讀者知道這件事又不知道這件事的來龍去脈，因此有必要在這本書中談談這個問題。本書的主旨是對大家熟悉的東西儘量從略，而對大家不大熟悉又極想了解的後宮生活盡可能真實、生動地記述給讀者。

清開國英雄努爾哈赤在天命十一年的一次大戰中受傷身亡，他的第八個兒子皇太極繼承王位，國號後金，年號天聰。這時的後金基本上囊括了山海關以外的整個東北。十年後的西元一六三六年，後金改稱清，年號為崇德，皇太極為清太宗。太宗縱馬疆場，南征北戰，為滿清江山打下了堅實的基礎。

太宗朝一位最顯赫的人物是太宗的弟弟多爾袞，多爾袞是努爾哈赤的第十四個兒子，最初封為貝勒。天聰二年，太宗攻伐察哈爾多羅特部，多爾袞破敵有功，賜號墨爾根代青。天聰三年，多爾袞自龍井關進軍明營，和貝勒莽古爾泰攻下漢兒莊，在廣渠門大敗明將袁崇煥，並在薊州全殲山海關援兵，一時聲威大震。崇德元年，多爾袞進封為睿親王，其實力和聲望幾乎可以與太宗皇太極比肩。

崇德八年，太宗去世。宮中圍繞著皇位繼承展開了激烈的爭鬥，險些大打出手，兵戎相見。爭奪最激烈的是睿親王多爾袞、豫親王多鐸、武英郡王阿濟格和鄭親王濟爾哈朗、肅親王豪格之間的明爭暗鬥。最後，達成妥協，共立太宗年幼的兒子福臨即位，是為清順治皇帝，時年六歲。朝政由多爾袞和濟爾哈朗共同輔佐，但實際上，擁有兩白旗雄厚實力的多爾袞漸次取得了統治地位，進而獨有天下，儼然為一代皇帝，以至能自由地出入宮禁。儘管當時的輔政誓詞言之鑿鑿：「有不秉公輔理，妄自尊大者，天地譴之。」天地是誰？是空的，誰也不能譴，只有實力。

外朝的鬥爭由激烈漸次平靜，最後歸於多爾袞的統治之下。宮中則由太宗孝莊文皇后主持。孝莊文皇后生於明萬曆四十年二月初八日，死於清康熙二十六年十二月二十五日，終年七十五歲。孝莊文皇后姓博爾濟吉特氏，來自蒙古科爾沁部，是貝勒寨桑的女兒。天命十年，其兄吳克善臺吉將她送到後金，嫁給努爾哈赤的第八子皇太極，時年十三歲。

孝莊文皇后先後生下了三個女兒：固倫雍穆長公主、固倫淑慧長公主、固倫淑哲長公主。崇德元年，皇太極改後金為清，封她為永福宮莊妃。兩年後，生皇九子福臨。福臨在多爾袞等擁立下，即皇帝位，博爾濟吉特氏尊為皇太后。康熙即位後博爾濟吉特氏又被尊為太皇太后，去世後謚孝莊，因此，史稱她為孝莊文皇后。

孝莊文皇后精明能幹，工於心計，頗有智謀。太宗皇太極暴病身亡時她曾痛不欲生，想以身殉情，但念及子女尚幼，便決意撫育和保護子女。年方六歲的兒子福臨即位，她更加看出了宮廷爭奪皇權的險惡，便不惜一切，竭盡心力地保護自己的女兒和幼年的皇帝。福臨是折衷妥協的產物。福臨即位，並不能阻止多爾袞獨有天下的野心。

福臨即位之初，郡王阿達禮、貝子碩托進奏多爾袞，請他廢掉年輕的皇帝，自立為帝。密奏不脛而走。多爾袞當眾宣布阿達禮逆謀，下令將兩人立即處死。多爾袞名望、實力雙收，恩威並施，說服了共同輔政卻很軟弱的濟爾哈朗，議定罷免諸王、貝勒共管六部事宜的舊例，權歸輔臣。接著，濟爾哈朗自行退出權位之爭，特頒一道上諭，命此後一應事宜均先稟睿親王多爾袞。多爾袞便權傾朝野了。

順治元年四月，多爾袞領兵進抵翁後。明朝平西伯吳三桂自山海關進書乞師。多爾袞當機立斷，馬上整頓鐵騎，以摧枯拉朽之勢長驅直入，進主北京。北京很快成為滿清的帝都。順治皇帝也從遙遠的北疆進入山海關，來到北京，成為坐上龍椅的第一任滿清皇帝。多爾袞自通州接順治入宮以後，一直坐鎮北京，控制著整個政局。多爾袞雄姿英發，心裡很得意，這皇宮和天下，實際上不就是自己的？

順治帝福臨進入北京後的第一件大事便是進封多爾袞為叔父攝政王。正式於十月即位後，特詔禮部尚書郎球、侍郎藍拜、啟心郎渥赫立石刻碑，詳記攝政王的功德。一年後，鄭親王濟爾哈朗呈上攝政王儀制，儼然一位臣僕，哪有當年共輔天下的輔正王王風？攝政王儀制當然得到批准。

攝政王多爾袞勢焰熏天，權傾朝野，朝臣無不惶悚。多爾袞入朝時，閣部大臣一見到這位無異於天子的攝政王，無一不雙膝下跪，迎候大駕。多爾袞行走在跪伏的夾道中，心中無限豪邁，品味著只有天子才有的一份自得。多爾袞不能只是心中品味，他要讓大臣說出來。於是，多爾袞走近大學士剛林問道：「此上朝門，諸臣何故跪我？」剛林顫慄惶惑，御史趙開心忙獻媚說：「王以皇叔之親，兼攝政王之尊，臣民怎能不跪拜？」接著，趙開心見多爾袞高興，進一步巴結說，「皇上稱王為叔父攝政王，王為皇上叔父，只有皇上才能這樣稱；至於臣民，應於叔父上加皇字，這樣才能上下有別，合乎體制。」多爾袞當然聽得很順耳，心中美滋滋的。多爾袞當即下禮部眾議。眾議的結果不言而喻，多爾袞被尊為皇叔父攝政王。這年年底，江南平定，多爾袞總攝朝政。順治帝特詔：「遇朝賀大典，朕受王禮，若小節，勿與諸王同。」多爾袞大權在握，儼然以天子自居，哪裡會把小小皇帝放在眼裡？多爾袞自由出入宮禁，結果和皇嫂博爾濟吉特氏私通，最後明媒迎娶，頒詔天下，成為震動天下的一件大事。

當時的博爾濟吉特氏雖然生下了幾個子女，但正值盛年，風華正茂，楚楚動人。博爾濟吉特氏的姿色和才華早就遐邇聞名，最典型的便是感化了絕食尋死的明大將洪承疇，使他歸顧滿清，以至成為滿清鐵騎順利入關的帶路人。博爾濟吉特氏小太宗二十歲，時年剛剛三十，這正是渴求愛撫的年齡。但博爾濟吉特氏決定下嫁皇叔多爾袞，並明詔天下，將一件本應藏於深宮的個人隱私公之於世，不是出於對愛的渴求和考慮，完全是出於保護她年幼的兒子——順治皇帝。

多爾袞也是正屆壯年，他體格魁梧，儀容英偉，長於騎射。多爾袞對自己這位肌膚雪白如玉、美豔奪人、時人稱為大玉妃的皇嫂早就垂涎三尺。他經常出入宮禁，兩人眉目傳情，儼然一對夫妻。多爾袞想結束這種偷情，讓盛年寡居的嫂子成為自己的正式妻室。這一點，首先要徵得大臣們的同意，起碼是默許，多爾袞密召心腹大臣范文程，授以密計。范文程依計而行。

第二天，百官上朝。范文程出班奏道：「攝政王德高望重，謙抑自持；自從入關以後，威權在握，卻並不以帝位自居，盡心輔佐皇帝；攝政王視皇上如子，皇上自當攝政王為父。」這一段話真是駭人聽聞，朝臣沒有一人敢吱聲。范文程見無異議，接著說，「攝政王親侶新喪，皇太后盛年寡居，既然皇上視攝政王為皇父，當然就應使父母同居，因此，伏請攝政王和太后同宮。」會下廷議的結果當然是順利透過，沒有人敢提出異議。孝莊文皇后博爾濟吉特氏於是下嫁皇叔多爾袞。《清朝野史大觀》甚至記載說，多爾袞還以順治的名義向天下頒布詔書：太后盛年寡居，春花秋月，悄然不怡。朕貴為天子，以天下養，乃獨能養口體，而不能養志。使聖母以喪偶之故，日在愁煩抑鬱之中，其何以教天下之孝？皇叔攝政王現方鰥居，其身分容貌，皆為中國第一人，太后頗願紆尊下嫁。朕仰體慈懷，敬謹遵行，一應典禮，著所司預辦。

關於太后下嫁皇叔多爾袞，史學界一直眾說紛紜。有的根本就否認此事。在筆者看來，太后下嫁是確有其事的，這也合乎滿族的傳統。至於下嫁時的規模如何，是否向天下頒發詔書，這還有待進一步考證。一些頗具歷史價值的史書確切地記載了這件事。清蔣良騏《東華錄》記載說，多爾袞自稱皇父攝政王，又親到皇宮內院。如果太后不曾下嫁，如果攝政王不以皇父看待順治帝，他經常深入內院，恐怕皇親宗室是不能答應的。而且，多爾袞死後，清廷還破例追封多爾袞為誠敬義皇帝。

朝鮮《李朝實錄》也記述了這件事，說順治六年二月，清廷曾派使臣赴朝鮮遞交國書。朝鮮國王李倧見書中稱多爾袞為皇父攝政王，便問道：「清國咨文中有皇父攝政王之語，此何舉措？」使臣回答：「今則去叔字，朝賀之事，與皇帝一體云。」右議政鄭太和說：「敕中雖無此語，似是已為太上矣。」國王李倧感嘆說：「然則二帝矣。」《清聖祖實錄》記載說，康熙二十六年十二月，孝莊文皇后病重。孝莊對康熙說：「太宗文皇帝梓宮，安奉已久，不可為我輕動。況我心戀汝皇父及汝，不忍遠去，務於孝陵近地擇吉安厝，則我心無憾矣。」滿清講究帝后合葬，顯然，孝莊文皇后覺得下嫁皇叔多爾袞以後，愧對太宗，便託辭不忍遠去，就近安葬。孝莊文皇后的難言之隱不合情理，但作為孫子的康熙是面聽遺命的，當然不能不加遵守，遂把孝莊的靈柩停放東陵。清雍正時才將靈柩葬入東陵地宮。

南明史料中張煌言在《建州宮詞》中也描述了這件事：「上壽稱為合巹樽，慈寧宮裡爛盈門；春宮昨進新儀注，大禮躬逢太后婚。」這事可能當時傳遍天下，張煌言不會為此而杜撰。四川師範學院圖書館收藏有一部《皇父攝政王起居注》，注後有劉文興寫的跋，跋稱清宣統初年，內閣庫垣記，家君劉啟瑞時任閣讀，奉命檢閱庫藏，得順治時太后下嫁皇父攝政王詔，遂以聞於朝廷，孝莊文皇后下嫁多爾袞以後，皇朝的禮儀、奏章、清旨之類都要相應地發生變化。順治三年以後，群臣上書進奏，均稱攝政王多爾袞為皇父，攝政王和皇上字號並列，上諭也直書皇父攝政王，甚至在殿試士子的策頌文字中，也是皇父、皇上並稱。可見此事在當時幾乎是家喻戶曉。

多爾袞和皇太后同宮不久，以微罪為口實，將政敵領兩黃旗的太宗長子肅親王豪格監禁致死，並奪豪格的愛妻，納為自己的妃子。順治七年十二月初九日戌時，多爾袞突然暴死邊外的喀喇城，終年三十八歲。多爾袞死後，順治帝頒發詔書，命喪禮一如帝制，並追尊多爾袞為誠敬義皇帝。順治帝親政，時年十四歲。

順治帝親政不久，追奪多爾袞封爵。孝莊文皇后是順治帝生母，順治帝親政以後，依舊尊她為皇太后。順治十三年二月，太后萬壽節，順治帝還御制詩三十首進呈。康熙帝即位，尊孝莊為太皇太后，直到孝莊於康熙二十六年去世，終年七十五歲。

否認太后下嫁這一史實的史學家和學者，也為數不少，其中最有影響的是著名史學家孟森先生。孟森在他的力作《清初三大疑案考實》中駁斥太后下嫁說時指出：

■ **關於尊稱**：順治尊稱多爾袞為皇父，只是古代國君尊稱臣下為尚父、仲父的遺意。

■ **關於張煌言**：張煌言與清朝為敵，他的詩句不可信。如其詩「掖庭猶說冊閼氏，妙選孀閨作母儀」，詩文疑點太多，因為清初是沒有皇帝娶有遺腹子的寡婦為皇后的。所以他的《建州宮詞》不過是捕風捉影而已。

■ **關於詔罪**：順治八年，順治頒詔數列多爾袞罪狀，其中有一條即是多爾袞親到皇宮內院。這只能說是這登徒子式的攝政王有擾亂後宮之疑，不一定就是與太后有染，硬說兩人私通，純屬臆斷。

■ **關於朝鮮實錄**：李朝與清廷關係密切，清廷的一應重大禮儀活動，李朝都有使節參加。不存在避諱問題的《李朝實錄》卻沒有太后下嫁的確切記載。

慈禧太后

偷吃禁果

那是一個千紅萬紫、爭奇鬥豔的春天，一個花園裡的祕密涼亭月洞。蘭兒姑娘雙頰微微發紅，亭亭玉立，接受身材魁梧的禁衛軍統領滿州公子榮祿的欣賞。

「榮祿，」她低低叫著他的名字，「我又來了。」他將她的纖手一把握住，凝視著她的一對眸子，注意到了她緋紅的雙頰，更在那一片嬌羞中尋著他所最渴望的東西。

他們的手互相握著，輕輕地，他將她拉過去，輕柔地笑著，她並沒有拒絕他。她沒法拒絕他，因為他是那樣地溫柔，在他的微笑之下，她的反抗全部解除了武裝。

「蘭，妳美麗極了，」他幾乎耳語著。「我愛妳勝過任何人。世界上沒有一個人能與妳相比……」「我也愛你。」她嫣然微笑。

他們又緊緊擁抱——天地都似乎靜立不動了。妙齡少女蘭兒與風華正茂的榮祿的初試雲雨情，使得蘭兒日後若非買通體檢官，差點在入宮身檢時露餡。榮祿之後也因這段情而權傾朝野。

走進紫禁城

咸豐即位之初，年方二十一歲，時值精壯之年，到處逐豔評芳，荒淫無度，變著法玩弄女色。這位好色的少皇帝還異想天開地從江南選來四個漢族美女，將她們安置在圓明園內四個別館之中，讓蘇州小姐住在「牡丹春」、揚州小姐住在「杏林春」、杭州小姐住在「海棠春」、金陵小姐住在「武陵春」，並以她們住的別館作為她們的芳名。咸豐皇帝自己則住在「敷春堂」，每天到各別館中覓蕊尋芳。經年累月下來，弄得面黃體弱，頭暈目眩，百病纏身。他問御醫有何辦法可治療此病，御醫說喝鹿血可以壯陽補氣，於是，他便命人在圓明園內別辟鹿苑，養了一百頭麋鹿，每日派人取鹿血進奉，為其供補，有了鹿血補充的精氣，咸豐帝玩得更加瘋狂無度。

有一天，咸豐帶著妃嬪到「桐蔭深處」遊玩，忽聽林子裡有鶯鶯歌聲，唱的是江南小調。入關以後，清朝諸帝無不喜歡南曲，所謂「二十四橋明月夜，玉人何處憶吹簫」，那「日出江花紅勝火，春來江水綠如藍」的江南風景令愛新覺羅氏的子孫們無一不心嚮往之。

這位唱歌的人就是蘭兒（慈禧的小名），她自咸豐二年被選入宮，如今已有三年，卻從未見過皇上一面，更談不上侍候皇上了。皇上難得來一次「桐蔭深處」，可每回到來之前，執事太監總要把她們趕進屋子，不讓出來，太監怕她們萬一做出失禮犯駕之事，給自己惹出麻煩。蘭兒心想，整日見不著皇帝，豈能出人頭地，她心一橫，便悄悄地溜了出來，躲在林子裡，唱起了她最拿手的江南小調。咸豐帝坐在黃色的御橋上，在一大群太監的前呼後擁下緩緩而行。忽然從桐林深處傳來了陣陣悅耳動聽的少女的歌聲，咸豐帝頗有點心馳神往，但剛從皇宮來到圓明園，大隊人馬前後簇擁著，不便落轎。蘭兒見自己的歌聲並未打動皇帝，也只好怏怏不樂地回到房裡。

翌日下午，蘭兒藉故到園裡灑水澆花，邊澆邊哼起蘇州小調：

郎上橋，姐上橋，
風吹裙帶纏郎腰，

好個陣頭弗落香雨；
春天龍雜惹人瞟。
惹人瞟，惹人瞟。
小阿姐兒再來紅羅帳裡造仙橋。

這時，正適皇帝帶著兩個貼身侍候的大太監，適此而過。聽見歌聲，咸豐皇帝知道一定是昨日那個歌唱的宮女，便領著太監悄悄地溜進了「桐蔭深處」，站在花園旁邊的玉帶橋上偷聽。蘭兒不知聖上駕到，聲音愈唱愈響，野味愈濃，唱完了一曲蘇州小調，她又唱起了桐城時興的「鞦韆」歌：

姐在架上打鞦韆，
郎在地下把絲牽，
姐把腳兒高翹起，
牽引魂靈飛上天。

這清脆悅耳、情意綿綿的情歌穿過花園，傳進了咸豐皇帝的耳朵裡，一向好色的咸豐，當下被刺激得心裡癢癢的。他轉身走進御春閣，命太監安得海把唱歌的宮女帶來覲見。

蘭兒突然接到聖諭，不知所措，心裡一時有點著慌。傳諭的太監安得海安慰她說；「剛才萬歲爺叫我傳喚你時，面色非常高興，你不要緊張，放心跟我走。你長得這般標緻，誰見了都傾心，說不定萬歲爺一見就會喜歡上你，這就看你的造化了。」說完，安得海不由分說，拉著她就往御春閣跑去。

一寸芳心七上八下的蘭兒，一進入御春閣，頭也沒敢抬，就跪在聖駕面前。咸豐皇帝見蘭兒進門，眼睛一亮，心裡暗自讚嘆道：「園子裡竟有這樣豔麗的宮女，我怎麼從來不曾遇見過？」咸豐皇帝遺憾不已，細瞧蘭兒，見她皮膚白皙，身材窈窕，除那雙天足象滿人外，她相貌簡直可跟「江南四春」爭豔鬥麗，不覺高興地說：「你叫什麼名字？什麼時候進園子的？朕怎麼從來沒有看見過你？」蘭兒伏在地上甜甜地回答道：「回萬歲爺的話，奴婢名叫蘭兒，進園已有三年，平日萬歲爺不召喚，奴婢哪敢見駕？」咸豐聽著蘭兒那甜滋滋的猶如銀鈴般的柔聲脆語，猛然回憶，道：「不錯不錯，你入宮已二三年了。朕被這長毛鬧得心慌，將你失記，屈居宮婢，倒難為你了。現在朕許你見駕，你抬起頭來，讓朕好好瞧瞧！」蘭兒粉臉上暈起桃紅，但知此舉關係自己能否出人頭地，便慢慢地抬起了頭。咸豐皇帝立刻淫眼圓睜，在御座上向前傾了傾了身子，仔細端詳，見眼前這位女子，廣額豐頤，柳眉杏眼，流波帶媚，粉靨生春，雍容華貴，資麗迷人，真乃國色天香，嬌豔欲滴，愈加高興地問：「你剛才唱的那小曲兒，是從哪裡學來的？怎麼這般悅耳動聽？現在再給朕唱幾首聽聽。」咸豐命蘭兒平身，坐在御春閣外廊欄上唱。蘭兒一連唱了好幾首，儘管這些江南小曲都是些唱情訴愛的靡靡之音，竟唱得咸豐皇帝心猿意馬，魂飛天外。立刻吩咐蘭兒進屋侍候。隨侍太監們聽得皇帝吩咐，便一個個知情識趣地悄悄溜開，咸豐帝立刻在御春閣享受了鮮嫩的蘭兒。真虧蘭兒幸運，侍侯萬歲爺的那天，她正好逢上了「天葵」的尾巴，興奮過度的咸豐帝，竟沒有分辨出那是什麼血，蘭兒就在皺眉喊疼之下遮掩矇混了過去。

蘭兒不僅長得漂亮，生得聰明，略讀過詩書，且會唱小曲，又很有心機，工於媚術，很快便把咸豐帝迷得神魂顛倒。因此打那以後，咸豐一有空就出來幽會蘭兒，蘭兒不久便由宮女晉升為貴人。「春宵苦短日高起，從此君王不早朝。」

君臨天下

慈禧在政治上是一個鎮壓百姓的劊子手，出賣民族利益的大賣國賊。在生活方面，更是貪婪無度、糜爛透頂。

據說她的衣服、首飾、衣料、鞋子要由六個太監分管，分類登記在各種冊子上。她的衣服數量很多，都是經過精心設計製作的。一八九四年，她一次就訂做了一百三十五套，用去白銀三萬八千多兩。她的一件藕荷綢繡靈仙視壽氅衣，就花了四五百個人工，用去白銀三百六十多兩。

她每日吃著山珍海味，每餐飯菜就有一百餘種，且餐具全是用金、銀和玉做成。除此之外，她每天還要服用各種補藥。宮中專門為她設立了藥房，裡面堆滿人蔘、鹿茸、珍珠粉、熊膽和鹿寶等大量珍貴藥材。據說這個妖婆每日雞鴨魚肉，山珍海味吃膩了，又變出花樣要求吃人奶。她令李蓮英到河北三河縣挑選幾個年輕婦女，個個要求眉目清秀，乳房高聳，身材勻稱。這些媽媽們在進慈禧寢室侍候以前，先要脫光衣服，淨身擦澡，經過驗看以後給穿上一件露出乳頭的紅色緊身長袍，其它一概不得穿用。媽媽們進入寢室以後，雙膝跪到躺在床上的慈禧前，手托乳房輕輕說聲：「恭請太后受用。」然後才把乳頭送進慈禧的嘴巴裡。她每次吃吃停停大約半個多時辰方可受用完。為了讓媽媽生得奶好，每天讓她們吃雞鴨魚肉，但不得加鹽，據說因吃鹽奶就不好了。這樣一來奶媽們吃這些肥膩的東西，簡直就像吃藥一樣難以下肚。對於慈禧的吃人奶之事，宮中多有微詞。有位老太監看不慣，私下說了幾句，傳到慈禧的耳裡，她馬上召來太監，令他當著眾人雙手端著屎盆，硬將自己的糞便吃下去，當夜這位老太監就懷著滿腹羞愧和怨忿，自盡而死。

慈禧平時不僅用珍珠粉擦面，還每天由五個奶媽給他擠奶擦身。就連她睡覺的枕頭，裡面也裝有茶葉、菊花、決明子、桑葉、夏枯草、防風、雞血藤、冰片、烏藥、草烏、桂枝等名貴中藥，稱為「陰陽枕」。據說這樣的枕頭可以明目、清火。

慈禧不僅揮霍無度，她的性情也古怪惡劣。她當朝時，凡入宮覲見之人，她首先要問屬什麼的？如果回答屬雞，或屬羊的，她就喜歡，差事也會給得好點，賞錢也給得多。接著她又會問生於何月何日，假如說十月或臘月，她就會更高興。如果說是四五月的，她就會顯得不愉快，話也就談不下去了。因為她本人是屬羊的，十月初十的生日，正是田野無草的季節，羊沒有青草吃的時候。而四五月生的、屬羊的遍地是草，這個羊不是比她的日子好過得多了嗎？如果回答是屬虎的，二話不說，立刻就會被她攆了出去！所以當時宮裡流傳著一句話說：「老虎最怕西太后」。她的專橫跋扈一時間搞得許多人只得改換生辰，加入雞或羊的屬相。

咸豐死時，慈禧年方二十七歲，青春漾溢，精力正旺，正當如狼似虎之年。她雖然是宮中的主人，但這一變化除給晚清政治帶上了一些女人特點之外，在性生活方面，歷來為男人統治而建造的王宮，對此變化卻沒有絲毫的準備。皇帝的三宮六院都是為適應男性的需求而準備的，而且那些都是同她一樣的充滿青春活力的熱血女子。她應該有享受性生活的要求和權力，不安於做個寡婦，但在當時的文化氛圍時，她又能得到怎樣的滿足呢？俄國的女皇葉卡捷琳娜二世，唐代女皇帝武則天都有自己的公開面首，那麼在晚清這個封建色彩極濃的氣氛下，慈禧太后的不公開面首是誰呢？

慈禧太后面首很多，宮中那些真假太監都是她的御用工具。有一次，慈禧太后與一個姓金的美男子在密室裡抱在一起取樂，正有趣時，突然慈安太后一步闖入。慈禧太后羞得連耳根子都紅了，與慈安說話時，氣也喘不過來，舌頭也不聽使喚了。慈安並不答話，將那姓金的男子喚出，命侍衛拖出去用刀砍死。慈禧由羞而惱，由惱而怒，第二天也把門衛上小太監殺掉，懲他沒有盡守衛職分。

還有一次。慈安太后生病，慈禧太后親為其求醫煎藥，細心侍奉。慈安太后病癒後，便帶著宮監靜悄悄地走進長春宮，打算去道謝慈禧盛意。正值中午時分，眾太監都用餐去了，只有一個小太監站在門首，見慈安太后來到，即入內稟報。慈安太后幾乎與小太監一起走進門，見慈禧太后與太監李蓮英並坐著，慈禧將左腳壓在李蓮英的右膝蓋上。蓮英用手順著慈禧的腿由下向上摸著。兩人唧唧噥噥地不知說些什麼話。二人忽聽有人進來，抬頭一看，慈安太后站在眼前。慈禧忙放下腳。李蓮英嚇了一大跳，趕忙站起來，連為慈安太后請安的禮節也忘了。慈安太后本是懷著謝意來這裡的，看到這種有傷大雅的情景，不覺變作憤怒，向李連英斥道：「你也太不成體統了，你為什麼與太后並坐？」蓮英還未及答話，慈禧說道：「我近日患了腳痛，所以叫他捶著。」慈安太后說道：「我朝定制，防範宦官，很是嚴格。只恐宦官擅權，因此不能放縱。」慈禧太后本想辯駁，一時又無詞可說，只得喝斥蓮英退出。慈安又向慈禧說道：「李蓮英權勢太大，宮監們都稱他是九千歲，這不了得！」說完就離開長春宮。從此之後，慈禧太后兩年沒有視朝，一直深居不出；朝政全由慈安太后主持。

據說慈禧曾跟她的太監安得海過從甚密。安得海是直隸南皮人，入宮閹割為太監，可是，卻能侍候慈禧太后，有人說他擅長「呂不韋舍人毒術」，又有人說他服用了宮中特製的鮮葡萄，陽道復生。同治皇帝載淳十歲那年，慈禧想找個品學兼優的學者教皇帝讀書，恭親王推薦了新科翰林丁寶楨，於是，慈禧太后便下令丁寶楨第二天到養心殿晉見。翌日，丁寶楨整衣肅冠入宮，太監安得海領他到外廷自己的住處等候，隨即入宮稟奏慈禧。閒來無事，等得發急的丁寶楨在安得海屋裡隨便觀看起來。當他瞥見几案上擺著一個水晶盤，盤著放著數十顆鮮嫩可吃的紫色葡萄時，丁寶楨覺得奇怪，心想：五月裡怎麼就有了葡萄？這一定是皇帝或太后吃後剩下賞給內監吃的，唉，作皇帝真是福大，想吃啥就吃啥。見周圍無人，他又想，他們能吃，咱還不敢嘗呀！想到這裡，他便隨手捏了一顆，才知道是人工做的，卻和真的無多大差別，看起來栩栩如生，聞起來香氣撲鼻，不知不覺偷偷地放進口裡一嚼，果真甘香可口，十分好吃。正當他高興之際，忽然覺得一股熱氣貫通全身，不覺臉辣體熱，下身也起了生理反應。他只覺口乾舌燥，情緒激昂，無法抑制。這番情景如何見得慈禧呢？

正當他處在為難之時，太監安得海走了進來。丁寶楨情急生智，兩手抱腹屈腰，就地打起滾來，口中連連喊痛。安得海問他得了什麼病。他只說：不知道，痛得直不起身來，恐怕是絞腸痧吧！安得海怕丁寶楨死在自己屋裡，連忙叫來兩個小太監把躬身抱腹的丁寶楨送出了宮。慈禧最講忌諱，她見丁寶楨第一次被召，便發了腹病不能朝見之事，便決定不使用丁寶楨，讓恭親王另薦高明。

丁寶楨察知安得海穢亂宮廷，跟慈禧苟歡之事後，便時刻尋機下決心殺死安得海。後來他當上了山東巡撫，每次入京晉見同治皇帝，都果敢直言，很得皇帝欣賞。當時十一二歲的同治皇帝也知道安得海跟母后來往甚密，不太清白，心裡覺得很羞恥。一次他藉機辱罵了安得海一頓，被慈禧知道後反過來責罵了他一頓，這使同治更加仇恨起安得海。他常在宮中玩捏泥人，捏成一個小人兒後，就用小刀把泥人腦袋砍下來，口裡說：「殺小安子。」同治八年七月，安得海奉慈禧之命到江南織造辦龍袍，皇帝便密令山東巡撫丁寶楨見機行事。當安得海過德州時，知州趙新稟報了丁寶楨，丁寶楨即令東昌府程繩武追捕安得海，程繩武親自率兵，跟蹤了三天，就是不敢下手。丁寶楨又命總兵王正起率兵追之，在泰安州將安得海抓了起來，押解到濟南府。安得海神氣地說：「我奉皇太后之命，誰個敢動我一根汗毛就是自尋死路！」丁寶楨便上疏具聞。慈禧聽後，惶駭不已，立刻召集軍機與內務大臣商議，大臣們說：「祖制太監不得出都門，犯者死無赦，當就地正法。」可聖旨一直遲遲未發，過了兩天，由於同治帝力爭才被迫宣布。於是，安得海伏誅。但據說裸屍於街市的是跟隨安得海的一個小太監，並非安得海。個中隱密，不得而知。

「萬壽無疆」

傳說慈禧曾與任直隸總督兼北洋大臣、權傾朝野的寵臣榮祿有私。光緒帝即位之初，她把舊情人榮祿召進宮來重拾舊歡，她在榮祿無暇進宮、不便進宮時又勾搭上太監李蓮英，到光緒六年十二月，慈禧太后肚子又一次「通貨膨脹」起來。宮中御醫們都束手無策。還是李鴻章推薦的江蘇無錫一個儒醫生進宮去，才把慈禧肚中的那塊孽種打了下來。

又一些太監回憶說，慈禧還常以聽戲為名，由李蓮英大總管太監牽線，祕召伶工、閒雜人等，藏於密室，恣意尋歡作樂。太醫院御醫張緒、伶工金俊生，順天府畫工管劬安、「打牌」高手等人，均係太后臥榻常客。

清光緒三十四年十月十三日，是慈禧那拉氏的七十四歲壽辰，全國上上下下都要替她祝壽過生日。這一天，內務府收到一幀壽聯，打開一看，嚇得那些人魂飛天外，只見上面恭楷寫道：「六十也祝壽，七十也祝壽，果然萬壽；今年也割地，明年也割地，端的無「疆」！」據說這幀壽聯不知怎地竟傳到慈禧耳中，本來就患有腹瀉的她氣得更是上吐下瀉，加倍服用雅片也毫無效果，七天以後，她下令立醇親王載沣之子溥儀為皇太子，兼祧穆宗、德宗（即承繼同治、光緒兩個人的香火之意）。

兩天以後的傍晚，三度垂簾，害死兩個皇帝，斷了大清江山父死子繼，一脈相承香火規矩的慈禧端佑康頤昭豫莊誠壽恭欽獻崇熙皇太后結束了她「多姿多彩」的一生。

這一年，她七十四歲。

電子書購買

國家圖書館出版品預行編目資料

從此君王不早朝：金屋藏嬌的「嬌」、悲情才女班婕妤、洛神甄皇后、皇帝武則天、慈禧太后……從秦漢至清代，揭開歷史上傳奇后妃的面紗 / 孟飛編著 . -- 第一版 . -- 臺北市：崧燁文化事業有限公司 , 2023.01

面； 公分

POD 版

ISBN 978-626-332-961-4(平裝)

1.CST: 后妃 2.CST: 女性傳記 3.CST: 中國

782.22 111019480

從此君王不早朝：金屋藏嬌的「嬌」、悲情才女班婕妤、洛神甄皇后、皇帝武則天、慈禧太后……從秦漢至清代，揭開歷史上傳奇后妃的面紗

臉書

編 著：孟飛

發 行 人：黃振庭

出 版 者：崧燁文化事業有限公司

發 行 者：崧燁文化事業有限公司

E-mail：sonbookservice@gmail.com

粉 絲 頁：https://www.facebook.com/sonbookss/

網 址：https://sonbook.net/

地 址：台北市中正區重慶南路一段六十一號八樓 815 室

Rm. 815, 8F., No.61, Sec. 1, Chongqing S. Rd., Zhongzheng Dist., Taipei City 100, Taiwan

電 話：(02)2370-3310 傳 真：(02) 2388-1990

印 刷：京峯彩色印刷有限公司（京峰數位）

律師顧問：廣華律師事務所 張珮琦律師

定 價：375 元

發行日期：2023 年 01 月第一版

◎本書以 POD 印製